Spiritualitatea
emoțională zilnică

O CĂLĂTORIE DE 40 DE ZILE

împreună cu

OFICIUL ZILNIC

Peter Scazzero

Editor General: Valy Văduva
Traducere: Iulian Iacob
Copyright © 2019 by: Upper Room Fellowship Ministry
www.urfm.org
valy@urfm.org

ISBN 978-1-930529-39-7

Titlul original: *Emotional Healthy Spirituality Day by Day*
Copyright © 2006, 2007 by Peter Scazzero
Published with permission from Zondervan Inc.

Pentru comenzi în USA şi Canada:
Upper Room Fellowship Ministry
valy@urfm.org   www.urfm.org

CUPRINS

Mulțumiri

Vreau să-i mulțumesc lui Geri, prietena mea cea mai bună și tovarășul meu favorit în „călătoria" mea. Ea a petrecut nenumărate ore rugându-se, meditând și experimentând aceste Oficii Zilnice într-o varietate de contexte. Munca ei de întocmire a unor întrebări care să ne provoace la meditație are menirea de a face ca sufletul nostru să fie atins și de a ne conduce la o experimentare personală a lui Dumnezeu. Ce dar minunat!

Mulțumesc.

O invitație la o unire plină de dragoste

※

Majoritatea creștinilor din ziua de astăzi sunt deficitari din punct de vedere spiritual, în special atunci când este vorba de a petrece timp cu Dumnezeu. Poate că tu ești unul dintre ei. Dacă este așa, s-ar putea să-ți fie de folos să știi că în acest domeniu se dă o adevărată luptă și că nu ești deloc singurul care are probleme.

În decursul a mai mult de treizeci de ani în care am fost pastor, am întâlnit această luptă practic în fiecare persoană, din fiecare colț al bisericii – de la cei din biserica noastră din Queens, New York, până la liderii creștini dintr-o varietate de medii și denominații din întreaga lume. Dacă mi-ai cere să fac un rezumat al lucrurilor pe care le-am observat cu privire la condiția spirituală a credincioșilor din ziua de astăzi, iată ce ți-aș spune. Noi...

- ne simțim blocați în călătoria noastră spirituală cu Hristos;
- trăim bizuindu-ne pe spiritualitatea altor oameni;
- suntem împrăștiați, fragmentați și nefocalizați;
- suntem obosiți – fizic, spiritual și emoțional;
- funcționăm bazându-ne pe o spiritualitate de suprafață;
- ne rugăm și comunicăm cu Dumnezeu foarte puțin;
- suntem ocupați și nu Îl căutăm pe Isus în mod deliberat;
- suntem deficitari în lupta noastră de a ne opri și a nu mai „a goni prin viață. "

Care e concluzia? Prea mulți dintre noi avem o relație cu Isus care e într-o stare serioasă de subdezvoltare. Vorbim cu Dumnezeu, sau poate lui Dumnezeu, însă de fapt nu-L ascultăm prea mult. Acest lucru nu reprezintă nimic altceva decât o criză spirituală globală – în special dacă luăm în considerare faptul că Dumnezeu vrea ca dragostea Lui să ajungă la oamenii din lume prin noi!

Spiritualitatea emoţională zilnică

S-ar putea ca această perspectivă să ţi se pară întunecată. Totuşi, ce-ar fi dacă ţi-aş spune că, chiar dacă problema e reală şi universală, aceasta e departe de a fi o cauză pierdută? Există un mod de a trăi o viaţă relaxată, lipsită de grabă, plină de mulţumire în Isus, în mijlocul presiunilor şi dificultăţilor vieţii. Există un mod de a rămâne într-o atitudine de meditaţie şi de a auzi vocea lui Dumnezeu atunci când ceilalţi te provoacă în conversaţiile pe care le ai cu ei. Există un mod de a te supune dragostei şi voii lui Dumnezeu într-un mod consecvent – chiar atunci când acest lucru e dificil. Există un mod de a ne dărui vieţile în slujirea altora fără a ajunge la oboseală cronică.

Cum putem face asta? Răspunsul se află în reorganizarea zilelor noastre într-un mod deliberat, integrând practica creştină de a fi liniştiţi şi tăcuţi în prezenţa lui Dumnezeu.

O DISCIPLINĂ SPIRITUALĂ
VECHE ŞI REVOLUŢIONARĂ

Scopul acestei cărţi este de a-ţi prezenta această disciplină spirituală, o disciplină veche şi revoluţionară. Ea se numeşte „Oficiul Zilnic.”[1] Oficiul Zilnic îţi oferă un mod structurat de a petrece timp cu Dumnezeu în fiecare zi, care însă diferă de ceea ce noi avem tendinţa de a numi „timp de părtăşie” sau „timp devoţional.” Timpul de părtăşie (sau devoţional) are loc de obicei o dată pe zi, de obicei dimineaţa, iar scopul lui este de a ne „umple” pentru restul zilei sau de a mijloci pentru trebuinţele altora. Oficiul Zilnic are loc cel puţin de două ori pe zi şi nu are de a face atât de mult cu a ne întoarce spre Dumnezeu pentru a primi ceva, cât are de a face pur şi simplu cu a fi *cu* El.

Scopul Oficiului Zilnic este de a-I acorda atenţie lui Dumnezeu în decursul întregii zile şi în mijlocul activităţilor noastre. Aceasta este marea provocare pentru noi toţi. Presiunea enormă a lumii şi a propriei noastre voinţe încăpăţânate face ca menţinerea unei conştienţe constante a prezenţei lui Dumnezeu să fie un lucru extraordinar de dificil. Totuşi, acest lucru nu e imposibil.

Aşadar, de unde vine numele de „Oficiu Zilnic”? Cuvântul *oficiu* vine de la cuvântul latin *opus*, „muncă.” Pentru biserica primară, Oficiul Zilnic – rugăciunea la ore fixe pe tot parcursul zilei – era întotdeauna

O invitație la o unire plină de dragoste

prima „lucrare a lui Dumnezeu" care trebuia făcută. Nimic nu trebuia să stea în calea acestei priorități.

Totuși, această practică a rugăciunii la ore fixe a existat cu mult timp înainte de biserica primară. Acum trei mii de ani, regele David a practicat rugăciunea la ore fixe; el se ruga de șapte ori pe zi (Psalmii 119:164). Profetul Daniel se ruga de trei ori pe zi (Daniel 6:10). Evreii pioși din vremea lui Isus se rugau dimineața, după-amiaza și seara. Rugăciunea la ore fixe a Israeliților a constituit una din marile comori spirituale și culturale ale lor, un mod practic de a-și păstra viețile centrate pe iubirea lui Dumnezeu în orice vreme. Chiar și după înviere, ucenicii lui Isus au continuat să se roage la anumite ore din zi (Fapte 3:1; 10:2-23).

Cam în jurul anului 525 d.Hr., un călugăr pe nume Benedict a creat o structură formală pentru aceste timpuri de rugăciune, pe care le-a ancorat în opt Oficii Zilnice (care a inclus un oficiu pentru călugări, la miezul nopții). Rugăciunea constituia cadrul de referință al zilei, iar toate celelalte lucruri din viețile lor erau rânduite în jurul acestor timpuri de rugăciune. Benedict a scris: „Atunci când călugărul aude semnalul pentru timpul de rugăciune al oficiului divin, el va lăsa imediat orice are în mână și se va duce la rugăciune cu cea mai mare grabă. Într-adevăr, nimic nu este mai presus de Lucrarea lui Dumnezeu" (Oficiul Zilnic)."²

Toți acești oameni – de la israeliții din vechime până la ucenicii primului secol și liderii creștini timpurii cum a fost Benedict – și-au dat seama că oprirea pentru a fi cu Dumnezeu, cu ajutorul Oficiului Zilnic, era secretul creării unei familiarități continue și ușoare cu prezența lui Dumnezeu. După ce l-am practicat timp de peste paisprezece ani, pot afirma că Oficiul Zilnic a realizat acest lucru pentru mine. Punerea deoparte în mod regulat a unor perioade scurte de timp pentru a mă ruga dimineața, la amiază și seara face ca activitățile din timpul zilei să fie pătrunse de o conștiență adâncă a sacrului – a lui Dumnezeu. În acele momente eu îmi aduc aminte că tot timpul e al lui Dumnezeu. Nu există nici o separare între sacru și profan.

CUM SĂ FOLOSEȘTI ACEASTĂ CARTE

Spiritualitatea emoțională sănătoasă zi de zi îți oferă o structură flexibilă pentru a-ți petrece timpul cu Dumnezeu. Sper ca tu să o adaptezi la nevoile și cerințele unice ale acestui anotimp din viața ta. Dumnezeu ne-a construit pe fiecare dintre noi în mod diferit. Un lucru care dă rezultate pentru o persoană nu va da rezultate pentru o alta, iar ceea ce a dat rezultate pentru tine la un moment dat în trecut s-ar putea să nu mai dea rezultate pentru tine în prezent. Lasă ca *harul* – și nu *legalismul* – să stea la baza modului în care tu practici Oficiul Zilnic.

Această carte include un material menit să te îndrume printr-o călătorie de patruzeci de zile în care să faci rugăciunea Oficiului Zilnic. Am pus zilele împreună în opt teme săptămânale, în care fiecare temă de bazează pe un capitol din cartea *Spiritualitatea emoțională sănătoasă* și din *Cursul de sănătate emoțională sănătoasă*.

Sunt două Oficii pe zi – unul pentru dimineață sau amiază, iar celălalt pentru amiază sau seară. Ai putea, de exemplu, să te rogi unul dimineața și unul la amiază, sau unul la amiază și celălalt seara, înainte de a merge la culcare. Tu ești cel care alege lungimea timpului pentru Oficiile tale. Totuși, secretul este de a-ți păstra atenția asupra slujirii lui Dumnezeu și nu asupra numărului de minute pe care le petreci cu Dumnezeu. S-ar putea ca pauza pe care o faci pentru a fi cu Dumnezeu să dureze între două, douăzeci, până la patruzeci și cinci de minute. Eu și soția mea, Geri, am ales să avem timpuri mai lungi de rugăciune cu Dumnezeu dimineața și mai scurte la amiază și seara. Tu ești cel care alegi ce ți se potrivește.

Fiecare Oficiu conține cinci elemente: Tăcere și Liniște, un Pasaj din Scriptură, o Citire Devoțională, o Întrebare pentru meditație și Rugăciune.

1. Tăcere și Liniște. Aceasta este fundamentul Oficiului Zilnic. Noi ne oprim din activitatea noastră și ne îndreptăm atenția asupra Dumnezeului celui Viu. Noi ascultăm de îndemnul psalmistului care spunea: „Taci înaintea Domnului și nădăjduiește în El..." (Psalmii 37:7) și „Opriți-vă și recunoașteți că Eu sunt Dumnezeu!" (Psalmii 46:10). Noi alegem să intrăm în conștiența prezenței lui Dumnezeu și de a ne odihni acolo în dragostea Lui. Această alegerea nu este, în ea însăși, un lucru ușor de făcut. Există ocazii în care eu fac o pauză pentru rugăciunea de amiază și descopăr că îmi petrec tot timpul – fie că e vorba de cinci sau zece minute – strunindu-mi gândurile, pentru a putea să mă debarasez de lucrurile care îmi aduc tensiune și care mă distrag și pentru a începe să mă odihnesc în dragostea lui Dumnezeu. Fiecare Oficiu începe și se încheie cu două minute de tăcere și liniște. Multe religii au anumite practici ce implică tăcerea, de tăcerea aceea în sine nu are ceva ce e numaidecât creștin. Ceea ce face ca tăcerea să fie ceva unic pentru noi, cei ce suntem urmași ai lui Hristos, este faptul că noi stăm în liniște și tăcere în contextul relației noastre cu Dumnezeul cel Viu. Într-o postură de atenție și supunere, noi Îi dăm permisiunea lui Dumnezeu și voii Sale să intre în părțile cele mai adânci ale ființei noastre. Acest lucru este însăși miezul a ceea ce înseamnă a fi într-o uniune plină de dragoste cu El.[3]

S-ar putea să-ți fie greu să faci asta, în special la început. Universul nostru lăuntric sau extern este plin de zgomote și lucruri care ne distrag atenția. Din acest motiv, petrecerea unui timp singuri cu Dumnezeu, în tăcere, e poate practica spirituală cea mai dificilă și puțin experimentată de către creștinii din ziua de astăzi. Totuși, acest lucru nu justifică trecerea ei cu vederea.

Dacă nu reușim să învățăm să ne liniștim în prezența lui Dumnezeu – să ne oprim din a vorbi un timp suficient de îndelungat și de des pentru a asculta – cum vom crește pentru a deveni niște creștini maturi? Cum se va dezvolta relația noastră cu Dumnezeu pentru a câștiga în profunzime?

Există câteva moduri de a aborda acest lucru. Iată câteva îndrumări care te pot ajuta să începi să intri în tăcere și liniște:[4]

- Așează-te într-un loc confortabil și liniștit. Respiră de câteva ori adânc, trăgând aer în tine și dându-l afară încet. (Pentru alte îndrumări cu privire la o practică numită „rugăciunea prin respirație" vezi Anexa B).

- Începe cu o rugăciune simplă – care poate fi deseori un singur cuvânt – care să exprime deschiderea ta față de Dumnezeu și dorința ta de a petrece timp cu El. Poți să folosești numele lui Dumnezeu care îți este cel mai drag, cum ar fi, Abba, Tată sau Isus. Sau poți folosi o expresie cum ar fi *Iată-mă, Doamne*.

(Soția mea, Geri, deseori nu folosește deloc cuvinte, preferând să petreacă timp cu Isus așa cum ar face-o doi îndrăgostiți, care se mulțumesc pur și simplu să stea împreună într-un colț liniștit. În acele momente, ea își imaginează că Dumnezeu își împreunează brațele Lui pline de dragoste în jurul ei).

• Atunci când apar lucrurile care te distrag – iar ele vor veni cu siguranță – încredințează-le în grija lui Dumnezeu și folosește o rugăciune simplă pentru a-ți întoarce gândurile înapoi la El.

Acordă-ți mult har aici, în special la început. Nu uita, aceasta este o practică revoluționară și care se poziționează împotriva culturii noastre, nu e pur și simplu o plimbare prin parc. Când alegi să stai în tăcere și liniște, alegi să-i permiți lui Dumnezeu să fie centrul vieții tale. Aceasta înseamnă că alegi, chiar și doar pentru câteva momente, să renunți la a deține controlul și la a-ți urmări planurile proprii.

Acesta nu este un lucru nesemnificativ.

Dacă însă perseverezi și treci de stânjeneala de la început – dacă te oprești cu adevărat pentru a-ți supune voia ta voii lui Dumnezeu – vei începe să experimentezi o transformare treptată. Încetul cu încetul vei descoperi că tăcerea va deveni o parte normală și consecventă din fiecare zi. Vei descoperi că te oprești, scurt, pentru un timp de tăcere, de exemplu înainte de a porni mașina, de a scrie un e-mail dificil sau de a începe o ședință la lucru.

2. Scriptura. Lucrul important pe care trebuie să-l ai în vedere aici este zicala care spune că „mai puțin înseamnă mai mult." Pasajele alese din Scriptură sunt scurte, în mod deliberat. Citește încet – dacă se poate cu voce tare – meditând asupra acelor cuvinte sau expresii care îți atrag atenția. Stăruie mai mult asupra unui verset, dacă Dumnezeu te îndrumă să faci asta. Fii atent la ceea ce Dumnezeu lucrează în interiorul tău. Nu trebuie să termini tot conținutul din materialul fiecărui oficiu! Lasă-L pe Duhul Sfânt să te călăuzească.

3. Citirea devoțională. Pasajele sunt luate dintr-o varietate de surse – din scriitori spirituali antici, poeți, călugări, rabini și scriitori contemporani, precum și din unele din scrierile mele. La fel ca în cazul Scripturii, aceste selecții au menirea de a fi citite încet și într-un spirit de rugăciune. Uneori, eu îmi încep oficiul de amiază sau de seară cu atât de multe lucruri în minte, încât aleg să-mi încep timpul de tăcere cu un pasaj devoțional, ca mijloc de a-mi redirecționa gândurile spre Dumnezeu. Uneori, pasajele pe care le citești vor vorbi cu putere situației în care te afli. Alteori, s-ar putea să fii dispus doar să le citești în grabă sau să sari peste ele. Repet, e important să ai în vedere faptul că scopul oficiului zilnic este de a avea părtășie cu Dumnezeu și nu de a termina tot ceea ce e de citit!

4. Întrebare pentru meditație. Fiecare oficiu se termină cu o întrebare scurtă, dar care pătrunde adânc în ființa noastră. S-ar putea să-ți dai seama că îți este de folos să scrii răspunsurile sub forma unei rugăciuni adresate lui Dumnezeu. Sau, dacă întrebările nu ți se par folositoare, simte-te liber să treci peste ele. Dacă folosești această carte de mai multe ori, în decursul timpului, nu fi surprins dacă Dumnezeu te conduce de-a lungul unor cărări foarte diferite, în timp ce reflectezi de fiecare dată asupra întrebărilor.

5. Rugăciunea. O mare parte din viața mea creștină am evitat rugăciunile scrise. Totuși, în ultimii ani, mi-am dat seama că ele pot fi o parte suplimentară bogată a vieții mele devoționale. Poți să te rogi cuvintele rugăciunii așa cum sunt scrise sau, pur și simplu, să le folosești ca inspirație și punct de început pentru propriile tale rugăciuni. Observă că rugăciunea Tatăl Nostru e inclusă în anexa A ca o resursă în plus pentru timpul pe care îl petreci cu Dumnezeu. Din cauza profunzimii și simplității ei, eu fac deseori această rugăciune ca parte a Oficiilor mele Zilnice. Repet, fă aceste rugăciuni doar dacă descoperi că îți sunt de ajutor.

GÂNDURI DE ÎNCHEIERE

Pe măsură ce începi călătoria cu Oficiul Zilnic, te încurajez ca, pentru a face progrese, să-ți acorzi timpul necesar și să faci multă practică. Nu mulți dintre noi avem niște ritmuri dătătoare de viață, de aceea reorganizarea zilelor noastre pentru a ne opri și a fi cu Isus reprezintă o schimbare majoră. La acest lucru se adaugă realitatea faptului că în cultura în care trăim, în familiile din care provenim și chiar în bisericile noastre există puțină tăcere, de aceea a sta în liniște poate fi o dificultate care să ne copleșească. Totuși, eu te asigur că, dacă vei persevera și dacă îi vei cere ajutor Duhului Sfânt, vei descoperi că Dumnezeu a așteptat ca tu să intri în părtășie cu El. Vei ajunge să-L

Spiritualitatea emoțională zilnică

cunoști așa cum El poate fi cunoscut doar în tăcere (Psalmii 46:10). „Mușchii" tăi în ceea ce privește auzirea lui Dumnezeu se vor dezvolta poate mai încet, însă o vor face. Prin harul lui Dumnezeu, capacitatea ta de a fi cu Isus se va lărgi și se va extinde. Totuși, chiar mai important e faptul că vei descoperi, așa cum alte milioane de oameni au descoperit de-a lungul veacurilor, că dragostea Lui e într-adevăr mai bună decât viața (Psalmii 63:3).

FOLOSIREA OFICIULUI ZILNIC ÎN GRUPURI

Oficiile zilnice sunt scrise pentru persoane individuale, însă ele pot fi deseori adaptate la întruniri în grup pentru rugăciunea de dimineață, amiază sau seară. Iată câteva îndrumări în această privință:

- Pune o persoană care să faciliteze rugăciunea, pentru a monitoriza timpul.
- Citește pasajele din Scriptură cu voce tare, pentru tot grupul.
- Rânduiește o persoană care să citească Pasajul Devoțional și Întrebarea pentru meditație.
- Fă o scurtă pauză – de cinci până la zece secunde – între fiecare secțiune a oficiului.
- Opțiune: când personalul nostru de la biserica New Life se întrunește pentru rugăciunea de amiază, în loc de a citi rugăciunea de încheiere împreună la sfârșit, noi ne separăm în grupuri de două sau trei persoane pentru a face o rugăciune de mijlocire și încheiem cu o cântare de închinare. Fii flexibil, pentru a identifica lucrurile care funcționează cel mai bine în contextul în care te afli.

Problema spiritualității emoționale nesănătoase

📅 1

ZIUA 1: OFICIUL DE DIMINEAȚĂ/AMIAZĂ

Tăcere, liniște și focalizare în prezența lui Dumnezeu (2 minute)

Pasaj din Scriptură: Marcu 11:15-17

Au ajuns în Ierusalim și Isus a intrat în Templu. A început să scoată afară pe cei ce vindeau și cumpărau în Templu; a răsturnat mesele schimbătorilor de bani și scaunele celor ce vindeau porumbei. Și nu lăsa pe nimeni să poarte vreun vas prin Templu. Și-i învăța și zicea: „Oare nu este scris: ,Casa mea se va chema o casă de rugăciune pentru toate neamurile? Dar voi ați făcut din ea o peșteră de tâlhari.'"

Devoțiune

Mânia intensă a lui Isus și răsturnarea meselor în curțile Templului ar trebui să ne facă să scoatem o exclamație de uimire. El știe că, dacă nu ajungem la Dumnezeu, vom pierde sau vom scăpa din vedere comori inestimabile. Noi pierdem starea în care experimentăm dragostea constantă a lui Dumnezeu și iertarea lui uimitoare. Pierdem perspectiva eternă care ne ajută să diferențiem între lucrurile importante și cele lipsite de importanță. Ne pierdem compasiunea. Câștigăm lumea, însă ne pierdem sufletele (Marcu 8:36-37).

> *Fii liber pentru Dumnezeu*
> *Am nevoie*
> *de o curățire*
> *asemenea celei făcute de Mântuitor în Templul din Ierusalim,*
> *să dau la o parte dezordinea*
> *făcută de lucrurile secundare*
> *care blochează calea*
> *spre golul atât de important din centrul ființei mele,*
> *care poate fi umplut*
> *doar de prezența lui Dumnezeu*
> *-Jean Danielou[5]*

Spiritualitatea emoțională zilnică

Întrebare pentru meditație

Cum ai descrie „lucrurile secundare" din viața ta, lucrurile care ar putea să-ți blocheze calea spre experimentarea lui Dumnezeu?

Rugăciune

Doamne, ajută-mă să văd cât de mult pierd când Te pierd pe tine. Perspectiva pe care o am asupra vieții mele și asupra vieții în general e distorsionată atunci când nu fac loc pentru Tine, iar aceasta umbrește dragostea pe care o ai pentru mine. Dragostea Ta e mai bună decât însăși viața, iar eu tânjesc cu adevărat să gust mai mult din acea dragoste. Mă rog în numele lui Isus, amin.

Încheie cu un timp de tăcere (2 minute)

ZIUA 1: OFICIUL DE AMIAZĂ/SEARĂ

Tăcere, liniște și focalizare în prezența lui Dumnezeu (2 minute)

Pasaj din Scriptură: 1 Samuel 15:22-23

Samuel a zis: „Îi plac Domnului mai mult arderile de tot și jertfele decât ascultarea de glasul Domnului? Ascultarea face mai mult decât jertfele, și păzirea cuvântului Său face mai mult decât grăsimea berbecilor. Căci neascultarea este tot atât de vinovată ca ghicirea și împotrivirea nu este mai puțin vinovată decât închinarea la idoli și terafimi. Fiindcă ai lepădat Cuvântul Domnului, te leapădă și El ca împărat."

Devoțiune

Saul, primul rege al Israelului, nu a știut multe lucruri despre ce înseamnă a sta în tăcere sau a asculta de Dumnezeu. Asemeni lui David, el a fost un lider militar/politic înzestrat, de succes, care a avut ungerea lui Dumnezeu. Totuși, spre deosebire de David, nu-l vedem niciodată căutând să fie cu Dumnezeu. În pasajul acesta, profetul Samuel îl mustră pe Saul pentru că face multe acte religioase (de exemplu aducerea de arderi de tot și de jertfe), însă nu se liniștește suficient pentru a asculta, sau „a păzi" Cuvântul Său (v. 22).

Noi trebuie să ne facem cu toții timp pentru a sta în tăcere și a petrece timp în contemplare, în special cei care trăim în orașe mari, cum ar fi Londra sau New York, unde totul se mișcă atât de repede... Eu îmi încep întotdeauna rugăciunea în tăcere, pentru că tocmai în acele momente de tăcere a inimii, Dumnezeu vorbește. Dumnezeu e prietenul tăcerii – trebuie să-L ascultăm pe Dumnezeu, pentru că ceea ce contează nu e ce spunem noi, ci ceea ce El ne spune nouă și ce spune El prin noi. Rugăciunea hrănește sufletul – după cum sângele e pentru trup, tot la fel e rugăciunea pentru suflet – și te aduce mai aproape de Dumnezeu. Ea îți dă, de asemenea, o inimă curată și pură. O inimă curată Îl poate vedea pe Dumnezeu, Îi poate vorbi lui Dumnezeu și poate vedea dragostea lui Dumnezeu în alții.

-Maica Tereza[6]

Întrebare pentru meditație

Cum poți face mai mult loc tăcerii în viața ta, pentru a-L asculta pe Dumnezeu?

Rugăciune

Doamne, înlătură dezordinea din inima mea, până când devin suficient de liniștit pentru a Te auzi pe tine vorbind, în tăcere.

Ajută-mă, în aceste câteva momente, să mă opresc, să ascult, să aștept, să fiu liniștit și să permit prezenței Tale să mă învăluie. Mă rog în numele lui Isus, amin.

Încheie cu un timp de tăcere (2 minute)

ZIUA 2: OFICIUL DE DIMINEAȚĂ/AMIAZĂ

Tăcere, liniște și focalizare în prezența lui Dumnezeu (2 minute)

Pasaj din Scriptură: Iona 1:1-4

Cuvântul Domnului a vorbit lui Iona, fiul lui Amitai, astfel: „Scoală-te, du-te la Ninive, cetatea cea mare, și strigă împotriva ei. Căci răutatea ei s-a suit până la Mine!"
Și Iona s-a sculat să fugă la Tars, departe de fața Domnului, s-a coborât la Iafo și a găsit acolo o corabie care mergea la Tars. A plătit prețul călătoriei și s-a suit în corabie ca să meargă împreună cu călătorii la Tars, departe de fața Domnului.

Spiritualitatea emoțională zilnică

> Dar Domnul a făcut să sufle pe mare un vânt năprasnic și a stârnit o
> mare furtună. Corabia amenința să se sfărâme.

Devoțiune

Iona este un exemplu de profet la care putem vedea un caz de
spiritualitate nesănătoasă din punct de vedere emoțional. El Îl aude
pe Dumnezeu și Îl slujește, însă refuză să asculte de chemarea lui
Dumnezeu la dragoste și la îndurare față de Ninive, o putere mondială
din acea vreme care era cunoscută pentru comportamentul ei violent
și barbar. Iona fuge 3.800 de kilometri în direcția opusă, din Tars, spre
Spania zilelor noastre.

> De ce Tars? Un motiv ar fi că Tarsul e mult mai încântător decât
> Ninive. Ninive era un loc antic în care erau adunate strat după
> strat de istorie marcată de ruină și nefericire. A merge la Ninive
> pentru a predica nu era o însărcinare râvnită pentru un profet
> evreu cu o bună reputație. Tarsul era însă un loc diferit. Tarsul era
> exotic. Tarsul reprezenta aventura... În referințele biblice, Tarsul
> era un „port îndepărtat, uneori idealizat." În 1 Regi 10:22 ni se
> relatează că flota lui Solomon a adus din Tars aur, argint, fildeș,
> maimuțe și păuni... În Tars putem avea o carieră religioasă fără a
> trebui să avem de-a face cu Dumnezeu.
>
> -Eugene Peterson[7]

În timpul fugii lui Iona, Dumnezeu trimite însă o mare furtună. Iona
pierde controlul asupra vieții și destinului său. El e aruncat peste bord
și înghițit de un pește mare. Din pântecele acelui pește, Iona începe să
se lupte cu Dumnezeu în rugăciune.

Întrebare pentru meditație

Ce furtună lăuntrică sau exterioară s-ar putea ca Dumnezeu să trimită
în viața ta, ca semn că ceva nu e în regulă din punct de vedere spiritual?

Rugăciune

*Doamne, fie ca voia Ta și nu voia mea, să fie făcută în viața mea. Tu
știi cât de ușor e să mă numesc creștin, iar apoi să fiu ocupat și să uit
de voia și dorințele Tale. Iartă-mă pentru acest păcat. Ajută-mă să*

ascult de Tine și dă-mi curajul de a mă supune Ție cu credincioșie.
Mă rog în numele lui Isus, amin.

Încheie cu un timp de tăcere (2 minute)

ZIUA 2: OFICIUL DE AMIAZĂ/SEARĂ

Tăcere, liniște și focalizare în prezența lui Dumnezeu (2 minute)

Pasaj din Scriptură: 1 Ioan 2:15-17

Nu iubiți lumea, nici lucrurile din lume. Dacă iubește cineva lumea, dragostea Tatălui nu este în el. Căci tot ce este în lume: pofta firii pământești, pofta ochilor și lăudăroșia vieții nu este de la Tatăl, ci din lume. Și lumea și pofta ei trec; dar cine face voia lui Dumnezeu rămâne în veac.

Devoțiune

La sfârșitul secolului al treilea a avut loc, în deșerturile Egiptului, un fenomen extraordinar. Creștinii, atât bărbați cât și femei, au început să fugă din orașe și sate pentru a-L vedea pe Dumnezeu în deșert. Ei și-au dat seama cât de ușor era să-ți pierzi sufletul în încurcăturile și manipulările din societate, astfel că ei au decis să-L urmeze pe Dumnezeu într-un mod radical, mutându-se în deșert. Ei au devenit cunoscuți sub numele de „Părinții Deșertului."

Ei priveau societatea... ca pe un vas naufragiat, de pe care fiecare persoană trebuia să înoate pentru a-și salva viața... Acești bărbați au crezut că a te lăsa să aluneci în derivă, acceptând în mod pasiv principiile și valorile societății pe care o cunoșteau, era pur și simplu un dezastru... Ei știau că erau neputincioși în a le face vreun bine altora, atât timp cât ei înșiși rătăceau pe o epavă. Totuși, de îndată ce ar reuși să pună piciorul pe un pământ neclintit, lucrurile aveau să fie diferite. Atunci ei ar fi avut nu doar puterea, dar chiar și obligația de a trage lumea întreagă după ei, într-un loc sigur.

—Thomas Merton[8]

Spiritualitatea emoțională zilnică

Întrebare pentru meditație

Cum auzi cuvintele apostolului Ioan astăzi: „Nu iubiți lumea, nici lucrurile din lume" (1 Ioan 2:15)?

Rugăciune

Doamne, pentru a fi cu Tine, am nevoie să-mi arăți cum să „creez un deșert" în mijlocul vieții mele pline și agitate. Curățește-mă de presiunile, iluziile și pretextele cu care mă confrunt astăzi, pentru ca viața mea să fie un dar pentru cei din jurul meu.

Încheie cu un timp de tăcere (2 minute)

ZIUA 3: OFICIUL DE DIMINEAȚĂ/AMIAZĂ

Tăcere, liniște și focalizare în prezența lui Dumnezeu (2 minute)

Pasaj din Scriptură: Geneza 32:22-26, 30

Tot în noaptea aceea s-a sculat, a luat pe cele două neveste ale lui, pe cele două roabe și pe cei unsprezece copii ai lui și a trecut vadul Iabocului. I-a luat, i-a trecut pârâul și a trecut tot ce avea. Iacov însă a rămas singur. Atunci un om s-a luptat cu el până în revărsatul zorilor. Văzând că nu-l poate birui, omul acesta l-a lovit la încheietura coapsei, așa că i s-a scrântit încheietura coapsei lui Iacov pe când se lupta cu el. Omul acela i-a zis: „Lasă-Mă să plec, căci se revarsă zorile." Dar Iacov a răspuns: „Nu te voi lăsa să pleci până nu mă vei binecuvânta."

Iacov a pus locului aceluia numele Peniel; „căci", a zis el, „am văzut pe Dumnezeu față în față și totuși am scăpat cu viață."

Devoțiune

Numele lui Iacov poate însemna „înșelător" sau „avar" iar viața lui a fost întocmai. El a fost manipulator, înșelător și agresiv – nu a fost genul de om pe care l-ai propune pentru o poziție de conducere în biserica ta. Iacov a fost o persoană cu defecte majore, care a crescut într-o familie disfuncțională. El părea a fi o persoană care fie că tocmai intra într-o încurcătură, fie ieșea dintr-una sau era pe punctul de a crea alte încurcături.[9]

Istoria lui Iacov e atât de universală pentru că e atât de personală. În tot decursul vieții lui, Iacov a fost încăpățânat și nu a fost dispus să se încreadă în nimeni – nici măcar în Dumnezeu. Însă acolo, la râul Iabocului, Iacov a fost în cele din urmă frânt de Dumnezeu și transformat radical. I s-a dat un nume nou și o nouă libertate de a trăi așa cum a intenționat Dumnezeu de la început. Totuși, acest lucru a venit cu prețul unei șchiopătări permanente, care a făcut din el un om neajutorat, disperat de a se bizui pe Dumnezeu. Tocmai în acest loc de slăbiciune, un loc al bizuirii pe Dumnezeu, Iacov a devenit o națiune (Israel) care avea să binecuvânteze lumea.

Tot la fel, uneori Dumnezeu ne rănește în călătoria noastră cu El, pentru a ne schimba, de la o spiritualitate nesănătoasă, care se aseamănă cu „vârful unui aisberg", la una în care suntem transformați începând cu lăuntrul nostru. Când apar aceste răni, noi le putem nega, le putem acoperi, ne putem mânia pe Dumnezeu, îi putem acuza pe alții sau, ca Iacob, putem să ne ținem cu disperare de Dumnezeu.

Întrebare pentru meditație

În ce mod(uri) a „dislocat" Dumnezeu viața sau planurile tale, pentru ca tu să depinzi de El?

Rugăciune

Tată, eu mă identific cu Iacov în luptele, manipulările, uneltirile, negările și adevărurile spuse pe jumătate celor din jurul meu pentru a-mi atinge scopurile. Uneori descopăr că și eu te slujesc doar pentru a obține ceva de la Tine. Doamne, Te rog să mă înveți să trăiesc bizuindu-mă pe Tine. Ajută-mă să mă odihnesc și să mă liniștesc doar în dragostea Ta. Mă rog în numele lui Isus, amin.

Încheie cu un timp de tăcere (2 minute)

ZIUA 3: OFICIUL DE AMIAZĂ/SEARĂ

Tăcere, liniște și focalizare în prezența lui Dumnezeu (2 minute)

Pasaj din Scriptură: Matei 16:21-23

Spiritualitatea emoțională zilnică

> De atunci încolo, Isus a început să spună ucenicilor Săi că El trebuie să meargă la Ierusalim, să pătimească mult din partea bătrânilor, din partea preoților cei mai de seamă și din partea cărturarilor; că are să fie omorât și că a treia zi are să învie. Petru L-a luat deoparte și a început să-L mustre, zicând: „Să te ferească Dumnezeu, Doamne! Să nu ți se întâmple așa ceva!" Dar Isus S-a întors și a zis lui Petru: „Înapoia Mea, Satano: tu ești o piatră de poticnire pentru Mine! Căci gândurile tale nu sunt gândurile lui Dumnezeu, ci gânduri de ale oamenilor."

Devoțiune

Apostolul Petru a avut o inimă plină de pasiune pentru Isus, însă el era de asemenea repezit, mândru, imatur și inconsecvent. Impulsivitatea și încăpățânarea lui sunt evidente pe tot parcursul evangheliilor. Totuși, Isus l-a îndrumat cu răbdare pe Petru la răstignirea voii lui, pentru ca el să poată să experimenteze adevărata viață și putere ce vin în urma învierii.

Când mă liniștesc, neastâmpărul (acea preocupare pe care Hilary din Tours a denumit-o „o anxietate blasfemiatoare de a face noi lucrarea lui Dumnezeu pentru El") e înlocuit de un imbold de la Dumnezeu (a fi străpuns, mișcat). Adică Dumnezeu poate străpunge multitudinea de straturi cu care mă protejez, pentru ca eu să aud Cuvântul și să fiu gata de a asculta...

Când mă aflu într-o mișcare continuă, pot să cred în mod greșit că pomparea adrenalinei e imboldul Duhului Sfânt; pot trăi iluzia că, în final, eu dețin controlul asupra destinului meu și a lucrurilor pe care le fac zi de zi...

Filozoful și matematicianul francez Blaise Pascal a remarcat că majoritatea problemelor noastre omenești vin din cauză că nu știm cum să stăm liniștiți în camera noastră timp de o oră.

-Leigthon Ford[10]

Întrebare pentru meditație

Care ar putea fi un mod în care faptul că ești permanent ocupat te împiedică să asculți și să comunici în mod intim cu Dumnezeul cel viu?

Rugăciune

Doamne, iartă-mă pentru că îmi conduc viața fără tine astăzi. Îți dau Ție anxietățile mele – pe cât de mult pot. Ajută-mă să fiu liniștit, să mă supun voii Tale și să mă odihnesc în brațele tale iubitoare. Mă rog în numele Tatălui, al Fiului și al Duhului Sfânt, Amin.

Încheie cu un timp de tăcere (2 minute)

ZIUA 4: OFICIUL DE DIMINEAȚĂ/AMIAZĂ

Tăcere, liniște și focalizare în prezența lui Dumnezeu (2 minute)

Pasaj din Scriptură: Luca 10:38-42

Pe când era pe drum, cu ucenicii Săi, Isus a intrat într-un sat. Și o femeie, numită Marta, L-a primit în casa ei. Ea avea o soră numită Maria, care s-a așezat jos la picioarele Domnului și asculta cuvintele Lui. Marta era împărțită cu multă slujire, a venit repede la El și i-a zis: „Doamne, nu-Ți pasă că sora mea m-a lăsat să slujesc singură? Zi-i, dar, să-mi ajute." Drept răspuns, Isus i-a zis: „Marto, Marto, pentru multe lucruri te îngrijorezi și te frămânți tu, dar un singur lucru trebuie. Maria și-a ales partea cea bună, care nu i se va lua."

Devoțiune

Maria și Marta reprezintă două moduri de abordare a vieții creștine.

Marta îl slujește activ pe Isus, însă ea pierde, de asemenea, ce are de spus Isus. Ea e atât de ocupată cu ceea ce „face" în viața ei. Viața ei e sub presiune și plină de lucruri care o distrag. Îndatoririle ei au devenit deconectate de dragostea ei pentru Isus. Totuși, problemele Martei trec dincolo de activitatea ei. Bănuiesc că, chiar dacă Marta ar fi stat la picioarele lui Isus, ea ar fi fost și atunci distrată de tot ceea ce avea în minte. Persoana ei lăuntrică e sensibilă, iritabilă și neliniștită.

Pe de altă parte, Maria stă la picioarele lui Isus și Îl ascultă. Preocuparea ei e de „a fi" cu Isus, de a se bucura și de a fi în comuniune cu El, de a-L iubi și de a-și găsi plăcerea în prezența Lui. Viața ei are un singur centru de gravitate – Isus. Bănuiesc că dacă Maria ar fi trebuit să ajute cu multitudinea de treburi casnice, ea nu ar fi îngrijorată sau supărată. De ce? Persoana ei interioară a încetinit suficient de mult pentru a se concentra asupra lui Isus și a-și centra viața în El.

Scopul nostru este de a-L iubi pe Dumnezeu cu întreaga noastră ființă, de a fi conștienți de Dumnezeu în mod consecvent, în viața noastră de zi cu zi – fie că ne oprim ca Maria, stând la picioarele lui Isus, fie că suntem activi ca Marta, îngrijindu-ne de îndatoririle vieții.[11]

Întrebare pentru meditație

Care sunt lucrurile care te îngrijorează sau te supără astăzi?

Rugăciune

Doamne, ajută-mă să stau liniștit și să Te aștept cu răbdare pe Tine (Psalmii 37:7). Îți încredințez fiecare neliniște și îngrijorare pe care o am în ziua de astăzi. Învață-mă ca, atunci când îmi încep activitățile mele numeroase din ziua de astăzi, să fiu atent la persoana Ta și să mă odihnesc în Tine, într-un spirit de rugăciune.

Încheie cu un timp de tăcere (2 minute)

ZIUA 4: OFICIUL DE AMIAZĂ/SEARĂ

Tăcere, liniște și focalizare în prezența lui Dumnezeu (2 minute)

Pasaj din Scriptură: Psalmii 62:5-8

Da, suflete, încrede-te în Dumnezeu,
căci de la El îmi vine nădejdea.
Da, El este stânca și ajutorul meu,
turnul meu de scăpare; nicidecum nu mă voi clătina.
Pe Dumnezeu se întemeiază ajutorul și slava mea;
în Dumnezeu este stânca puterii mele, locul meu de adăpost.
Popoare, în orice vreme, încredeți-vă în El,
vărsați-vă inimile înaintea lui!
Dumnezeu este adăpostul nostru.

Devoțiune

David, un om după inima lui Dumnezeu, exemplifică atât de frumos integrarea unei vieți emoționale pline cu o viață contemplativă profundă cu Dumnezeu. El se încrede în Domnul, vărsându-și luptele, temerile și neliniștea cauzate de minciunile care erau spuse despre el.

În cartea The Cry of the Soul (Strigătul Sufletului), Dan Allender și Tremper Longman expun pe scurt motivul pentru care e atât de important să fim conștienți de sentimentele noastre, pentru relația noastră cu Dumnezeu:

Ignorarea sentimentelor înseamnă a ne întoarce spatele realității. Ascultarea sentimentelor ne aduce la realitate. Iar întâlnirea lui Dumnezeu are loc tocmai în realitate... Sentimentele sunt limbajul sufletului. Ele sunt strigătul care dau glas inimii... Totuși, deseori noi ne facem că nu auzim – prin negare emoțională, denaturare sau detașare. Dăm afară orice ne tulbură, pentru a obține un control lipsit de putere al lumii noastre interioare. Ne e teamă și rușine de ceea ce se scurge în conștiența noastră. Neglijându-ne sentimentele intense, suntem necinstiți cu noi înșine și pierdem o ocazie minunată de a-L cunoaște pe Dumnezeu. Uităm că schimbarea vine printr-o onestitate brutală și când suntem vulnerabili înaintea lui Dumnezeu.[12]

Întrebare pentru meditație

Care sunt lucrurile din cauza cărora ești mânios astăzi? Din cauza cărora ești trist? De care ți-e teamă? Revarsă ce ai pe inimă înaintea lui Dumnezeu, încrezându-Te în El, așa cum a făcut-o David.

Rugăciune

Doamne, asemeni lui David eu mă simt deseori ca un zid care se înclină, ca un gard care stă să cadă și urmează a fi prăbușit la pământ! Atât de multe forțe și împrejurări par să vină împotriva mea. Ajută-mă, Doamne, să-mi găsesc odihnă în Tine și să mă adăpostesc în Tine ca cetățuia mea. Mă rog în numele lui Isus, amin.

Încheie cu un timp de tăcere (2 minute)

ZIUA 5: OFICIUL DE DIMINEAȚĂ/AMIAZĂ

Tăcere, liniște și focalizare în prezența lui Dumnezeu (2 minute)

Pasaj din Scriptură: Ioan 7:2-8

Și praznicul iudeilor, praznicul zis al Corturilor, era aproape. Frații Lui i-au zis: „Pleacă de aici și du-Te în Iudeea, ca să vadă și ucenicii Tăi lucrările pe care le faci. Nimeni nu face ceva în ascuns, când caută să se facă cunoscut: dacă faci aceste lucruri, arată-Te lumii." Căci nici frații Lui nu credeau în El. Isus le-a zis: „Vremea Mea n-a sosit încă, dar vouă vremea totdeauna vă este prielnică. Pe voi lumea nu vă poate urî; pe Mine mă urăște, pentru că mărturisesc despre ea că lucrările ei sunt rele. Suiți-vă la praznicul acesta; Eu încă nu Mă sui la praznicul acesta, fiindcă nu Mi s-a împlinit încă vremea."

Devoțiune

Isus a înaintat încet, fără a Se lupta sau a Se grăbi. El a așteptat cu răbdare, în timpul anilor de adolescent și de tânăr adult, să se reveleze ca Mesia. Chiar și atunci, El nu s-a grăbit să fie recunoscut. El a așteptat cu răbdare pentru timpul rânduit de Tatăl Lui, în timpul slujirii Lui scurte. Atunci de ce nouă nu ne place să acționăm „încet", când Dumnezeu pare să își găsească plăcerea în acest lucru? Eugene Peterson ne oferă cel puțin două motive:

Sunt ocupat din cauza vanității mele. Doresc să arăt că sunt o persoană importantă. O persoană însemnată. Cum pot face asta altfel decât arătându-mă a fi ocupat? Numărul incredibil de ore de muncă, programul încărcat și solicitările care pun o mare presiune pe timpul meu sunt o dovadă față de mine însumi – și față de toți cei care vor observa acest lucru – că sunt o persoană importantă. Dacă mă duc în biroul unui doctor și descopăr că nimeni nu așteaptă, și îl văd, prin ușa întredeschisă, pe doctor citind o carte, mă întreb dacă e bun de ceva...

Astfel de experiențe mă afectează. Trăiesc într-o societate în care programele încărcate și starea de a fi hărțuit de lipsa de timp sunt dovezi că sunt o persoană importantă, ca urmare eu îmi fac un program încărcat și îmi creez o stare în care sunt hărțuit de lipsa de timp. Când alții observă, ei recunosc că sunt o persoană cu însemnătate, ceea ce îmi hrănește vanitatea.

Sunt ocupat pentru că sunt leneș. Eu îi las pe alții, cu insolență, să decidă pentru mine ce trebuie să fac, în loc să decid eu. Una din temele favorite ale lui C.S. Lewis a fost că numai oamenii leneși lucrează din greu. Când renunțăm, din cauza lenei, la munca esențială de a decide și a direcționa alocarea timpului nostru, de a stabili valori și a fixa scopuri, alții vor fi cei care vor face acest lucru pentru noi.[13]

Întrebare pentru meditație

Ce pas poți face astăzi pentru a-ți încetini ritmul de viață și a acorda mai multă atenție vocii lui Isus?

Rugăciune

Doamne, dă-mi harul să fac astăzi câte un lucru, pe rând, fără a mă grăbi sau a mă pripi. Ajută-mă să savurez ceea ce e sacru în tot ceea ce fac, fie că e un lucru mare sau mic. Împuternicește-mă, prin Duhul Sfânt care e în interiorul meu ca, atunci când trec de la o activitate la alta, să fac o pauză. Mă rog în numele lui Isus, amin.

Încheie cu un timp de tăcere (2 minute)

ZIUA 5: OFICIUL DE AMIAZĂ/SEARĂ

Tăcere, liniște și focalizare în prezența lui Dumnezeu (2 minute)

Pasaj din Scriptură: 2 Corinteni 12:7-10

Și, ca să nu mă umflu de mândrie din pricina strălucirii acestor descoperiri, mi-a fost pus un țepuș în carne, un sol al Satanei, ca să mă pălmuiască și să mă împiedice să mă îngâmf. De trei ori am rugat pe Domnul să mi-l ia. Și El mi-a zis: „Harul meu îți este de-ajuns; căci puterea Mea în slăbiciune este făcută desăvârșită." Deci mă voi lăuda mult mai bucuros cu slăbiciunile mele, pentru ca puterea lui Hristos să rămână în mine. De aceea simt plăcere în slăbiciuni, în defăimări, în nevoi, în prigoniri, în strâmtorări, pentru Hristos; căci când sunt slab, atunci sunt tare.

Devoțiune

Biblia nu ascunde defectele și slăbiciunile eroilor ei. Avraam a mințit. Soția lui Osea a fost o prostituată. Petru l-a mustrat pe Dumnezeu! Noe

Spiritualitatea emoțională zilnică

s-a îmbătat. Iona a fost rasist. Iacov a mințit. Ioan Marcu l-a părăsit pe Pavel. Ilie a ajuns la epuizare totală. Ieremia a fost deprimat și avea gândul sinuciderii. Toma s-a îndoit. Moise a fost mânios. Timotei a avut ulcere. Până și David, unul din prietenii îndrăgiți ai lui Dumnezeu, a comis adulter cu Batșeba și i-a ucis soțul. Cu toate acestea, toți acești oameni ne învață același mesaj: că fiecare ființă umană de pe pământ, indiferent de înzestrările și punctele lor tari, e slabă, vulnerabilă și depinde de Dumnezeu și de alții.[14]

Presiunea de a prezenta o imagine a persoanei noastre prin care ne arătăm puternici și „solizi" din punct de vedere spiritual planează asupra celor mai mulți dintre noi. Ne simțim vinovați din cauza faptului că nu ne ridicăm la înălțimea așteptărilor, că nu corespundem standardelor altora. Uităm că suntem cu toții umani și că avem eșecurile noastre.

Apostolul Pavel s-a luptat cu Dumnezeu pentru că nu i-a răspuns rugăciunilor și nu i-a îndepărtat „țepușul din carne." Cu toate acestea, el I-a mulțumit lui Dumnezeu pentru zdrobirea în care se afla, știind că fără ea ar fi fost un apostol arogant, îngâmfat. El a învățat, așa cum trebuie să o facem cu toții, că puterea lui Hristos e desăvârșită doar atunci când suntem slabi.

Întrebare pentru meditație

Cum ar putea zdrobirea sau slăbiciunea din viața ta din prezent să reprezinte o ocazie ca să se arate puterea lui Dumnezeu?

Rugăciune

Tată, e foarte greu să accept ideea de a admite față de mine însumi și față de alții slăbiciunile și eșecurile mele. Doamne, sunt slab. Depind de tine. Tu ești Dumnezeu, iar eu nu sunt. Ajută-mă să îmbrățișez lucrarea pe care o faci în mine. Fie ca eu să pot să spun, ca Pavel: „când sunt slab (zdrobit), atunci sunt tare." Mă rog în numele lui Isus, amin.

Încheie cu un timp de tăcere (2 minute)

Cunoaște-te pe tine ca să-L cunoști pe Dumnezeu

2

OFICII ZILNICE

Săptămâna a Doua

ZIUA 1: OFICIUL DE DIMINEAȚĂ/AMIAZĂ

Tăcere, liniște și focalizare în prezența lui Dumnezeu (2 minute)

Pasaj din Scriptură: Marcu 1: 33-38

Și toată cetatea era adunată la ușă. El a vindecat pe mulți care pătimeau de felurite boli; de asemenea, a scos mulți draci și nu lăsa pe draci să vorbească, pentru că-L cunoșteau. A doua zi dimineața, pe când era încă întuneric de tot, Isus S-a sculat, a ieșit și S-a dus într-un loc pustiu. Și Se ruga acolo. Simon și ceilalți care erau cu El s-au dus să-L caute; și, când L-au găsit, I-au zis: „Toți te caută." El le-a răspuns: „Haidem să mergem în altă parte, prin târgurile și satele vecine, ca să propovăduiesc și acolo; căci pentru aceasta am ieșit."

Devoțiune

Provocarea de a ne lepăda de sinele nostru „fals" pentru a trăi în mod autentic, în sinele nostru „nou, autentic", lovește în centrul spiritualității adevărate. Vedem această autenticitate în viața lui Isus.

În mijlocul unei mini-treziri, în orașul Capernaum, Isus a fost în stare să se împotrivească presiunii tuturor celor care Îl căutau și să meargă mai departe într-alt loc. Isus Îl cunoștea, de asemenea, pe Tatăl, care Îl iubea și care avea o lucrare pe care El trebuia să o împlinească. Totuși, prin faptul că a trăit în credincioșie față de sinele lui adevărat, Isus a dezamăgit o mulțime de oameni. De exemplu:

- Si-a dezamăgit familia într-o așa măsură încât mama lui și frații lui au crezut că și-a pierdut mințile (Marcu 3:21).
- I-a dezamăgit pe oamenii cu care a crescut în Nazaret. Când Isus a declarat cine era El cu adevărat – Mesia – ei au încercat să-L arunce de pe o stâncă (Luca 4:28-29).
- El i-a dezamăgit pe prietenii Lui cei mai apropiați, pe cei doisprezece ucenici. Ei îi impuseseră lui Isus propria lor imagine despre felul de Mesia pe care ei îl așteptau. Când El nu le-a împlinit așteptările, ei L-au părăsit.
- El a dezamăgit mulțimile. Ei doreau un Mesia pământesc care să-i hrănească, să le rezolve toate problemele, să-i dea jos de la putere

Spiritualitatea emoțională zilnică

pe asupritorii romani, să facă minuni și să țină predici încurajatoare. Ei L-au părăsit.

• El i-a dezamăgit pe liderii religioși. Ei nu au apreciat deranjul pe care prezența Lui îl aducea teologiei lor și vieților lor de fiecare zi. În cele din urmă ei au atribuit puterea pe care El o avea demonilor, și au poruncit să fie răstignit.[15]

Întrebare pentru meditație

Care ar putea fi un mod specific în care tu cedezi în fața așteptărilor altora, în loc de a fi credincios față de ceea ce Isus are pentru tine?

Rugăciune

Doamne Isuse, sunt atât de recunoscător că Tu înțelegi ce înseamnă să simt presiune din cauza așteptărilor pe care le au alții de la mine. Uneori simt că sunt zdrobit de această presiune. Doamne, ajută-mă să-i iubesc pe alții într-un mod adecvat, rămânând totodată credincios Ție. Mă rog în numele lui Isus, amin.

Încheie cu un timp de tăcere (2 minute)

ZIUA 1: OFICIUL DE AMIAZĂ/SEARĂ

Tăcere, liniște și focalizare în prezența lui Dumnezeu (2 minute)

Pasaj din Scriptură: 1 Samuel 17:38-40, 45

Saul a îmbrăcat pe David cu hainele lui, i-a pus pe cap un coif de aramă și l-a îmbrăcat cu o platoșă. David a încins sabia lui Saul peste hainele lui și a vrut să meargă, căci nu încercase încă să meargă cu ele. Apoi a zis lui Saul:

„Nu pot să merg cu armătura aceasta, căci nu sunt obișnuit cu ea." Și s-a dezbrăcat de ea. Și-a luat toiagul în mână, și-a ales din pârâu cinci pietre netede și le-a pus în traista lui de păstor și în buzunarul hainei. Apoi, cu praștia în mână, a înaintat împotriva filisteanului.

David a zis filisteanului: „Tu vii împotriva mea cu sabia, cu sulița și cu pavăza; iar eu vin împotriva ta în Numele Domnului oștirilor, în Numele Dumnezeului oștirii lui Israel, pe care ai ocârât-o."

Devoțiune

Încă din tinerețe, David s-a cunoscut atât pe sine, cât și pe Dumnezeu. După ce și-a pus armura lui Saul, el s-a ridicat împotriva uriașului Goliat, doar cu praștia și câteva pietre netede și încrezându-se în Dumnezeul cel viu.

Totuși, spre deosebire de David, cei mai mulți dintre noi mergem în mormânt fără a ști vreodată cine suntem cu adevărat. Trăim în mod inconștient viața altcuiva, sau cel puțin așteptările altcuiva pentru noi. Suntem atât de puțin obișnuiți cu sinele nostru real, încât ni se pare cu neputință să știm cu ce să începem. Iată cum descrie Thomas Merton ceea ce facem atât de des:

> Îmi folosesc viața în dorința după plăceri... putere, cinste, cunoștință și dragoste, pentru a îmbrăca acest sine fals... Înfășor în jurul meu trăiri și mă acopăr cu plăceri și glorie, asemeni unor bandaje, pentru a putea fi perceput de mine și de lume. E ca și cum aș fi un trup invizibil care are putea deveni vizibil doar atunci când ar fi acoperit de ceva vizibil. Însă, sub lucrurile cu care sunt îmbrăcat, nu există nici o substanță. Sunt gol înlăuntru, iar structura mea de plăceri și ambiții nu are nici o fundație... Iar atunci când acestea se duc, nu va mai fi nimic rămas din mine, decât propria mea goliciune și deșertăciune.[16]

Cărarea pe care trebuie să umblăm pentru a îndepărta straturile sinelui nostru fals e la început foarte grea. Forțe puternice din jurul și din interiorul nostru pot înăbuși acest proces. În același timp, Dumnezeul universului și-a făcut casa în noi (Ioan 14:23), iar însăși gloria pe care Dumnezeu I-a dat-o lui Isus ne-a fost dată nouă (Ioan 17:21-23).

Întrebare pentru meditație

Este vreo învelitoare sau bandaj fals pe care Dumnezeu te cheamă să le dai jos astăzi?

Rugăciune

Doamne, dă-mi curajul lui David, pentru a mă împotrivi ispitei de a trăi o viață care nu e cea pe care mi-ai dat-o. Eliberează-mă de „Goliații" din fața mea și de vocile negative pe care le aud atât de des.

Spiritualitatea emoțională zilnică

Ajută-mă să aud și să ascult astăzi de vocea Ta. Mă rog în numele lui Isus, amin.

Încheie cu un timp de tăcere (2 minute)

ZIUA 2: OFICIUL DE DIMINEAȚĂ/AMIAZĂ

Pasaj din Scriptură: Psalmii 139: 13-16

Tu mi-ai întocmit rinichii,
Tu m-ai țesut în pântecele mamei mele:
Te laud că sunt o făptură așa de minunată;
Minunate sunt lucrările Tale,
și ce bine vede sufletul meu lucrul acesta!
Trupul meu nu era ascuns de Tine,
când am fost făcut într-un loc tainic,
țesut în chip ciudat, ca în adâncimile pământului.
Când nu eram decât un plod fără chip, ochii Tăi mă vedeau;
și în cartea Ta erau scrise toate zilele care-mi erau rânduite,
mai înainte de a fi fost vreuna din ele.

Devoțiune

În scrierea lui David există o tensiune dintre două adevăruri complementare din Scriptură. Noi suntem niște păcătoși care avem nevoie disperată de iertare și de un Mântuitor. În același timp, Dumnezeu ne-a creat după chipul Lui, ne-a țesut pe fiecare dintre noi în pântecele mamei, cu o foarte mare grijă, și ne-a ales pentru un scop special pe pământ. Parker Palmer a surprins foarte bine uimirea din Psalmul 139:

Vocația nu vine de la o voce „de undeva din spațiu" care mă cheamă pentru a deveni ceva ce nu sunt. Ea vine de la o voce „de aici" care mă cheamă să fiu persoana care m-am născut să fiu, pentru a trăi în armonie cu acel sine original care mi-a fost dat de Dumnezeu la naștere.

Acest drept de naștere al sinelui e un dar ciudat. Acceptarea lui se dovedește a fi chiar mai solicitantă decât încercarea de a deveni altcineva! Uneori am răspuns acelei cerințe ignorând darul, ascunzându-l, fugind de el sau risipindu-l – și cred că nu sunt singurul care fac asta. O istorioară hasidică arată, într-un mod uimitor de scurt, atât tendința universală de a dori să fim altcineva, cât și importanța supremă pe care o are necesitatea de a deveni acel sine care trebuie să fim. Rabinul Zusya a spus, la bătrânețe: „În lumea ce vine, nu mă vor întreba: „De ce nu ai fost Moise?" Ei mă vor întreba: „De ce nu ai fost Zusya?"[17]

Întrebare pentru meditație

Care crezi că ar fi unul dintre darurile primite la naștere de la Dumnezeu, pe care l-ai ignorat în viață?

Rugăciune

Doamne, vin în ziua de astăzi și Te chem să tai acele lanțuri care mă țin atât de strâns legat, și care mă împiedică să fiu credincios față de sinele meu real în Hristos. Fie ca, făcând aceasta, viața mea să fie o binecuvântare pentru mulți. Mă rog în numele lui Isus, amin.

Încheie cu un timp de tăcere (2 minute)

ZIUA 2: OFICIUL DE AMIAZĂ/SEARĂ

Tăcere, liniște și focalizare în prezența lui Dumnezeu (2 minute)

Pasaj din Scriptură: Efeseni 3:14-19

Iată de ce zic, îmi plec genunchii înaintea Tatălui Domnului nostru Isus Hristos, din care își trage numele orice familie, în ceruri și pe pământ, și-L rog ca, potrivit cu bogăția slavei Sale, să vă facă să vă întăriți în putere, prin Duhul Lui, în omul dinlăuntru, așa încât Hristos să locuiască în inimile voastre prin credință; pentru ca, având rădăcina și temelia pusă în dragoste, să puteți pricepe împreună cu toți sfinții care este lărgimea, lungimea, adâncimea și înălțimea; și să cunoașteți dragostea lui Hristos care întrece orice cunoștință, ca să ajungeți plini de toată plinătatea lui Dumnezeu.

Devoțiune

Bernard de Clairvaux (1090-1153 d.Hr.), starețul unei mănăstiri cisterciene din Franța, a fost poate cel mai mare lider creștini din vremea lui. În lucrarea lui însemnată ce se intitulează Loving God (Iubirea lui Dumnezeu), Bernard descrie patru stadii ale dragostei:

Spiritualitatea emoțională zilnică

1. Iubirea noastră pentru noi înșine
2. Iubirea lui Dumnezeu pentru darurile și binecuvântările Lui
3. Iubirea lui Dumnezeu doar pentru că e Dumnezeu
4. Iubirea ființei noastre de dragul lui Dumnezeu.

Pentru Bernard, stadiul cel mai mare al dragostei a fost pur și simplu să ne iubim pe noi așa cum ne iubește Dumnezeu – cu aceeași intensitate, în același fel și cu aceeași dragoste. Noi iubim acel sine pe care îl iubește Dumnezeu, chipul și asemănarea lui Dumnezeu din noi care a fost desfigurat de păcat.[18]

Întrebare pentru meditație

În care dintre cele patru stadii ale dragostei întocmită de Bernard crezi că te afli?

Rugăciune

Doamne, întărește-mă cu puterea Ta, pentru a putea să înțeleg lărgimea, lungimea, înălțimea și adâncimea dragostei lui Hristos care întrece orice înțelegere umană. Fie ca eu să Te iubesc pentru că Tu ești Dumnezeu, nu pentru darurile sau binecuvântările Tale. Fie ca să trăiesc astăzi în experiența profundă a dragostei Tale tandre. Mă rog în numele lui Isus, amin.

Încheie cu un timp de tăcere (2 minute)

ZIUA 3: OFICIUL DE DIMINEAȚĂ/AMIAZĂ

Tăcere, liniște și focalizare în prezența lui Dumnezeu (2 minute)

Pasaj din Scriptură: Marcu 10:26-31

Ucenicii au rămas uimiți și au zis unii către alții: „Cine poate atunci să fie mântuit?" Isus s-a uitat țintă la ei și le-a zis: „Lucrul acesta este cu neputință la oameni, dar nu la Dumnezeu; pentru că toate lucrurile sunt cu putință la Dumnezeu." Petru a început să-I zică: „Iată că noi am lăsat totul și Te-am urmat."
Isus a răspuns: „Adevărat vă spun că nu este nimeni care să fi lăsat casă, sau frați, sau surori, sau tată, sau mamă, sau nevastă, sau copii, sau holde pentru Mine și pentru Evanghelie și să nu primească

acum, în veacul acesta, de o sută de ori mai mult: case, fraţi, surori, mame, copii şi holde, împreună cu prigoniri; iar în veacul viitor, viaţa veşnică. Mulţi din cei dintâi vor fi cei de pe urmă, şi mulţi din cei de pe urmă vor fi cei dintâi."

Devoţiune

Anton (251-356 d. Hr.) a crescut într-o familie bogată din Egipt şi a primit o educaţie şi creştere excelentă de la părinţii lui creştini. Într-o duminică, Anton a auzit cuvintele: „Du-te şi vinde tot ce ai şi dă la săraci, şi vei avea o comoară în ceruri." El a simţit că Dumnezeu a vorbit direct inimii lui. Spre deosebire de tânărul bogat, el a răspuns chemării lui Dumnezeu şi a avut credinţă.

După ce şi-a vândut averea, Anton s-a dus pentru a trăi în solitudinea deşertului Egiptului, nu doar câteva zile sau săptămâni, ci douăzeci de ani! El a renunţat la toate averile lui pentru a învăţa să se detaşeze de lucruri; a renunţat la vorbire pentru a învăţa să aibă compasiune; a renunţat la activitate pentru a învăţa să se roage. În deşert, Anton L-a descoperit pe Dumnezeu, însă a dat şi o luptă aprigă cu diavolul.

După douăzeci de ani, când Anton a ieşit din singurătate, oamenii au recunoscut în el calităţile unui om „sănătos" autentic – întreg la trup, minte şi suflet. Dumnezeu l-a catapultat curând într-una din cele mai remarcabile slujiri din vremea aceea. El a predicat Evanghelia printre săraci şi printre bogaţi, a săvârşit multe vindecări, a scos demoni şi a făcut alte astfel de lucrări. Împăratul Constantin Augustus i-a cerut sfatul lui Anton. El a slujit neobosit în închisori şi printre cei săraci.[19]

La bătrâneţe, Anton s-a retras pentru a trăi într-o mai mare singurătate, pentru a fi total absorbit într-o comuniune directă cu Dumnezeu. A murit în anul 356, la vârsta de 106 de ani.[20]

Întrebare pentru meditaţie

Ce te impresionează cel mai mult din istorisirea vieţii lui Anton?

Rugăciune

Doamne, e clar că, în acest timp petrecut cu tine, Anton a lepădat anumite straturi ale sinelui său fals, superficial. Zdrobeşte te rog cochilia întărită care îmi acoperă inima, sub care e ascuns şi îngropat

Spiritualitatea emoțională zilnică

sinele meu real în Hristos. Transformă-mă, pentru a fi un om după voia Ta. Mă rog în numele lui Isus, amin.

Încheie cu un timp de tăcere (2 minute)

ZIUA 3: OFICIUL DE AMIAZĂ/SEARĂ

Tăcere, liniște și focalizare în prezența lui Dumnezeu (2 minute)

Pasaj din Scriptură: Matei 4:1-3, 8-11

Atunci Isus a fost dus de Duhul în pustiu, ca să fie ispitit de diavolul. Acolo a postit patruzeci de zile și patruzeci de nopți; la urmă a flămânzit. Ispititorul s-a apropiat de El și I-a zis: „Dacă ești Fiul lui Dumnezeu, poruncește ca pietrele acestea să se facă pâini." Diavolul L-a dus apoi pe un munte foarte înalt, I-a arătat toate împărățiile lumii și strălucirea lor și i-a zis: „Toate aceste lucruri Ți le voi da Ție, dacă te vei arunca cu fața la pământ și Te vei închina mie. „Pleacă, Satano", i-a răspuns Isus. „Căci este scris: Domnului Dumnezeului tău să te închini și numai Lui să-I slujești." Atunci diavolul L-a lăsat. Și deodată au venit la Isus niște îngeri și au început să-I slujească.

Devoțiune

Solitudinea e cuptorul transformării. Fără solitudine noi rămânem victime ale societății și suntem în continuare încâlciți în iluziile sinelui fals. Însuși Isus a intrat în acest cuptor. El a fost ispitit cu cele trei constrângeri ale lumii: cea de a fi relevant („poruncește ca pietrele acestea să se facă pâini"), de a face lucruri de dragul spectacolului („aruncă-Te jos") și de a fi puternic („toate aceste lucruri Ți le voi da Ție"). Atunci El a afirmat că Dumnezeu e singura sursă a identității Lui („Domnului Dumnezeului tău să te închini și numai Lui să-I slujești"). Solitudinea e locul unde se dă marea luptă și unde are loc marea întâlnire – lupta împotriva constrângerilor sinelui fals și întâlnirea cu Dumnezeu, care e plin de dragoste și care se oferă pe Sine ca substanță a sinelui cel nou... În solitudine eu mă debarasez de schelele care mă susțin: nu am prieteni cu care să vorbesc, nu pot da telefoane... Sarcina pe care o am este de a persevera în solitudinea mea și de a rămâne în celula mea, până când toți vizitatorii mei seducători obosesc să mai bată la ușa mea și mă lasă singur.

-Henry Nouwen[21]

Întrebare pentru meditație

Care sunt ispitele sau încercările prin care treci astăzi, pe care se poate ca Dumnezeu să le folosească asemeni unui cuptor, ajutându-te să-ți dezvolți viața interioară?

Rugăciune

Doamne, ajută-mă să reduc la minim volumul vocilor care îmi spun că, dacă nu sunt bogat, dacă nu sunt o persoană cu influență și dacă nu sunt popular, persoana mea nu are mare valoare. Dă-mi astăzi harul de a experimenta vocea Ta, care îmi spune: „Acesta este fiul meu preaiubit, în care îmi găsesc plăcerea." (Matei 3:17). Mă rog în numele lui Isus, amin.

Încheie cu un timp de tăcere (2 minute)

ZIUA 4: OFICIUL DE DIMINEAȚĂ/AMIAZĂ

Tăcere, liniște și focalizare în prezența lui Dumnezeu (2 minute)

Pasaj din Scriptură: 1 Regi 19:1-5

Ahab a spus Izabelei tot ce făcuse Ilie și cum ucisese cu sabia pe toți proorocii. Izabela a trimis un sol la Ilie să-i spună: „Să mă pedepsească zeii cu toată asprimea lor, dacă mâine, la ceasul acesta, nu voi face cu viața ta ce ai făcut tu cu viața fiecăruia din ei."

Ilie, când a văzut lucrul acesta, s-a sculat și a plecat, ca să-și scape viața. A ajuns la Beer-Șeba, care ține de Iuda, și și-a lăsat slujitorul acolo. El s-a dus în pustiu unde, după un drum de o zi, a șezut sub un ienupăr și dorea să moară, zicând: „Destul! Acum, Doamne, ia-mi sufletul, căci nu sunt mai bun decât părinții mei." S-a sculat și a adormit sub un ienupăr. Și iată, l-a atins un înger și i-a zis: „Scoală-te și mănâncă."

Devoțiune

După marea victorie a lui Ilie de la muntele Carmel asupra celor 850 de proroci falși, el a trebuit să fugă pentru a-și scăpa viața. În timp ce făcea asta, el a obosit și s-a deprimat atât de tare, încât a ajuns să-și dorească moartea. Din motive care nu ne sunt date în acest text, îl descoperim pe Ilie singur sub un ienupăr şi cerându-şi moartea. El ajunsese, aşa cum spunem astăzi, la „sindromul burnout (epuizare)."

Când dau un lucru pe care nu-l am, eu dau un dar fals şi periculos,
un dar care imită dragostea, dar care de fapt e lipsit de dragoste
– un dar care e făcut mai mult din nevoia mea de a dovedi de ce
sunt eu în stare decât de nevoia celeilalte persoane ca altcineva să
aibă grijă de ea...
Un semn că eu acţionez împotriva naturii mele proprii pentru a
arăta cât de generos sunt este acea stare care se numeşte sindromul
epuizării. Deşi aceasta e considerată de obicei a fi rezultatul
încercării de a da prea mult, potrivit experienţei mele sindromul
burnout e rezultatul încercării de a da ceea ce nu am – ceea ce e
modul suprem de a da prea puţin! Sindromul burnout e o stare de
goliciune, desigur, însă ea nu e consecinţa faptului că am dat tot
ceea ce am avut; ea arată, în primul rând, că am încercat să dau
ceva din ceea ce nu am avut.

-Parker Palmer[22]

Întrebare pentru meditaţie

Cum ar arăta lucrurile, dacă te-ai respecta pe tine însuţi, luând în considerare limitele umane pe care ţi le-a dat Dumnezeu?

Rugăciune

Doamne Isuse, tu îmi cunoşti tendinţa de face mai multe angajamente decât pot să ţin. Ajută-mă să-mi îmbrăţişez limitele din punct de vedere fizic, emoţional şi spiritual. Fie ca Tu, Doamne Isuse, să fii glorificat astăzi în şi prin mine. Mă rog în numele Tău, amin.

Încheie cu un timp de tăcere (2 minute)

ZIUA 4: OFICIUL DE AMIAZĂ/SEARĂ

Tăcere, linişte şi focalizare în prezenţa lui Dumnezeu (2 minute)

Pasaj din Scriptură: Exod 3:1-5

Moise păştea turma socrului său, Ietro, preotul Madianului. Odată
a mânat turma până dincolo de pustiu şi a ajuns la muntele lui

Dumnezeu, la Horeb. Îngerul Domnului i S-a arătat într-o flacără de foc, care ieşea din mijlocul unui rug. Moise s-a uitat; şi iată că rugul era tot un foc, şi rugul nu se mistuia deloc. Moise a zis: „Am să mă întorc să văd ce este această vedenie minunată şi pentru ce nu se mistuie rugul." Domnul a văzut că el se întoarce să vadă; şi Dumnezeu l-a chemat din mijlocul rugului şi a zis: „Moise! Moise!" El a răspuns: „Iată-mă!" Dumnezeu a zis: „Nu te apropia de locul acesta; scoate-ţi încălţămintea din picioare, căci locul pe care calci este un pământ sfânt."

Devoţiune

Prezenţa lui Dumnezeu în noi e ca focul unui rug aprins. Ea ne acaparează în mod treptat, astfel încât, chiar dacă noi rămânem pe deplin noi înşine, noi suntem transformaţi în sinele nostru real, aşa cum Dumnezeu a intenţionat ca noi să fim la început. El e lumină, iar noi suntem plini de lumina Lui – poate chiar literalmente vorbind, aşa cum s-a spus despre unii dintre sfinţi că aveau o strălucire vizibilă. Termenul dat acestei transformări e destul de scandalos: theosis, ceea ce înseamnă a fi transformat în Dumnezeu, divinizat sau zeificat. Desigur că noi nu devenim nişte mini-zei, care să avem propriile noastre universuri. Noi nu ne pierdem niciodată identitatea noastră, însă suntem umpluţi cu Dumnezeu precum un burete e îmbibat cu apă.

-Frederica Mathewes-Green[23]

Întrebare pentru meditaţie

Care e un domeniu al fiinţei tale interioare pe care s-ar putea ca focul prezenţei lui Dumnezeu să dorească să-l mistuie (de exemplu egoism, lăcomie, amărăciune, nerăbdare)?

Rugăciune

Doamne Isuse, cred că Tu ai venit să mă salvezi de pedeapsa pentru păcatele mele – moartea – şi pentru a-mi da viaţa veşnică. În acelaşi timp, Tu ai venit să mă salvezi de veninul care curge prin venele mele, de ceea ce mă ţine departe de Lumina Ta. Vino şi invadează-mă cu

Spiritualitatea emoțională zilnică

focul tău mistuitor, pentru ca eu să devin acea persoană care Tu m-ai creat să fiu în Tine. Mă rog în numele Tău, amin.

Încheie cu un timp de tăcere (2 minute)

ZIUA 5: OFICIUL DE DIMINEAȚĂ/AMIAZĂ

Tăcere, liniște și focalizare în prezența lui Dumnezeu (2 minute)

Pasaj din Scriptură: Romani 8:35-39

Cine ne va despărți pe noi de dragostea lui Hristos? Necazul, sau strâmtorarea, sau prigonirea, sau foametea, sau lipsa de îmbrăcăminte, sau primejdia, sau sabia? După cum este scris:
„Din pricina Ta suntem dați morții toată ziua;
suntem socotiți ca niște oi de tăiat."
Totuși, în toate aceste lucruri, noi suntem mai mult decât biruitori, prin Acela care ne-a iubit. Căci sunt bine încredințat că nici moartea, nici viața, nici îngerii, nici stăpânirile, nici puterile, nici lucrurile de acum, nici cele viitoare, nici înălțimea, nici adâncimea, nici o altă făptură, nu vor fi în stare să ne despartă de dragostea lui Dumnezeu care este în Isus Hristos, Domnul nostru.

Devoțiune

Cei mai mulți dintre noi punem mai mult preț pe ceea ce cred alții decât ne dăm seama. După cum se poate vedea în Galateni, apostolul Pavel a înțeles această luptă într-un mod intim.

M. Scott Peck ilustrează această idee relatând o întâmplare despre întâlnirea pe care a avut-o cu un coleg de liceu când avea cincisprezece ani. Iată lucrurile la care a reflectat el după o conversație cu prietenul lui:

Mi-am dat seama dintr-odată că, în tot decursul celor zece minute, din momentul în care am văzut-o pe cunoștința mea, până în acea clipă, fusesem preocupat întru totul de persoana mea. Timp de două sau trei minute înainte să ne întâlnim, mă gândisem doar la lucrurile inteligente pe care le-aș putea spune pentru a-l impresiona. În timpul celor cinci minute petrecute împreună am ascultat ceea ce a avut el de spus doar pentru a le putea întoarce într-o replică isteață. L-am privit doar pentru a vedea ce efect aveau spusele mele asupra lui. Iar în timpul celor două sau trei minute după ce ne-am despărţit, singurul conţinut al gândurilor mele a constat în lucrurile pe care le-aş fi putut spune, care l-ar fi putut impresiona chiar mai mult. În tot acest timp, persoana colegului meu de clasă nu mă preocupase câtuşi de puţin.[24]

La citirea acestei explicaţii detaliate a ceea ce se întâmplă dincolo de suprafaţă la vârsta de cincisprezece ani, cel mai uimitor lucru e că aceleaşi lucruri continuă să se petreacă la vârsta de douăzeci, treizeci, cincizeci, şaptezeci şi nouăzeci de ani! Rămânem prinşi în trăirea unei vieţi de prefăcătorie, căutând mereu acceptarea celorlalţi.

Adevărata libertate vine când nu mai trebuie ca alţii să ne considere nişte persoane deosebite, din cauză că ştim că, în Hristos, suntem vrednici de dragoste şi suficient de buni.

Întrebare pentru meditaţie

Cum ar putea ziua ta să se schimbe astăzi dacă ai înceta să mai cauţi acceptarea umană şi ai începe să cauţi doar acceptarea lui Dumnezeu?

Rugăciune

Doamne, dă-mi curajul să fac astăzi ceea ce Tu mi-ai dat să fac, să spun ceea ce Tu mi-ai dat să spun şi să devin ceea ce Tu m-ai chemat să devin. Mă rog în numele lui Isus, amin.

Încheie cu un timp de tăcere (2 minute)

ZIUA 5: OFICIUL DE AMIAZĂ/SEARĂ

Tăcere, linişte şi focalizare în prezenţa lui Dumnezeu (2 minute)

Pasaj din Scriptură: Isaia 40:28-31

Nu ştiţi?
N-aţi auzit?
Dumnezeul cel veşnic, Domnul,
a făcut marginile pământului.
El nu oboseşte, nici nu osteneşte;
priceperea Lui nu poate fi pătrunsă.
El dă tărie celui obosit
şi măreşte puterea celui ce cade în leşin.

Spiritualitatea emoțională zilnică

Flăcăii obosesc și se ostenesc,
chiar tinerii se clatină;
dar cei ce se încred în Domnul
își înnoiesc puterea,
Ei zboară ca vulturii;
aleargă, și nu obosesc;
Umblă, și nu ostenesc.

Devoțiune

În cartea sa The Song of the Bird (Cântarea păsării), Tony de Mello scrie următoarele:

Un om a găsit un ou de vultur și l-a pus în cuibarul unei găini. Puiul de vultur a ieșit din ou împreună cu ceilalți pui de găină și a crescut cu ei. Toată viața lui, vulturul a făcut ceea ce au făcut puii de găină, crezând că era și el un pui de găină. El a scociorât în pământ după viermi și insecte și a piuit. Bătea din aripi și zbura câțiva pași în aer. Au trecut anii, iar vulturul a îmbătrânit. Într-o zi el a văzut o pasăre măreață deasupra lui, pe cerul fără nori. Ea plana maiestuos printre curenții puternici de vânt, abia trebuind să dea din aripile ei puternice. Vulturul s-a uitat în sus, copleșit de admirație. „Ce pasăre e aceasta?" a întrebat el.

„E un vultur, regele păsărilor", i-a spus pasărea de lângă el. „Locul lui e în cer. Locul nostru e pe pământ – noi suntem pui." Astfel, vulturul a trăit și a murit ca un pui, pentru că asta a crezut că era.[25]

Întrebare pentru considerație

În ce domeniu al vieții tale s-ar putea să trăiești ca un pui, când Dumnezeu de fapt te-a făcut vultur?

Rugăciune

Tată, tu m-ai făcut un vultur auriu – care poate să zboare. Totuși eu trăiesc, în multe privințe, ca un pui, inconștient de înălțimi și de bogăția la care m-ai chemat. Umple-mă, Duhule Sfinte. Eliberează-mă pentru a fi acea persoană unică pe care Domnul Isus m-a creat să fiu. Mă rog în numele lui Isus, amin.

Încheie cu un timp de tăcere (2 minute)

A merge înapoi
pentru a merge înainte

3

ZIUA 1: OFICIUL DE DIMINEAȚĂ/AMIAZĂ

Tăcere, liniște și focalizare în prezența lui Dumnezeu (2 minute)

Pasaj din Scriptură: Evrei 11: 24-27

Prin credință Moise, când s-a făcut mare, n-a vrut să fie numit fiul fiicei lui faraon, ci a vrut mai bine să sufere împreună cu poporul lui Dumnezeu decât să se bucure de plăcerile de o clipă ale păcatului. El socotea ocara lui Hristos ca o mai mare bogăție decât comorile Egiptului, pentru că avea ochii pironiți spre răsplătire. Prin credință a părăsit el Egiptul, fără să se teamă de mânia împăratului; pentru că a rămas neclintit, ca și cum ar fi văzut pe Cel ce este nevăzut.

Devoțiune

Chiar experiențele de familie cele mai nefaste și mai dureroase devin parte din identitatea noastră de ansamblu. Dumnezeu a avut un plan când ne-a plasat în familiile și culturile din care facem parte. Cu cât mai multe lucruri știm despre familiile noastre, cu atât mai multe știm despre noi înșine – și cu atât mai multă libertate avem pentru a lua decizii cu privire la modul în care vrem să trăim.

Dacă, din cauza fricii, ignorăm adevărul, ajungem ca Miss Havisham din romanul lui Charles Dickens, *Marile Speranțe*. Fiica unui om bogat, în ziua nunții ei, a primit o scrisoare, la 8:40 a.m., care spunea că viitorul ei soț nu avea să vină. Ea a oprit toate ceasurile din casă la acel timp exact în care a sosit scrisoarea, și și-a petrecut restul vieții în rochia de mireasă (care până la urmă s-a îngălbenit), purtând doar un singur pantof (întrucât ea nu și-l pusese încă pe celălalt când s-a întâmplat nenorocirea). Chiar bătrână fiind, ea a rămas paralizată de greutatea acelei lovituri zdrobitoare. Era ca și cum „tot ce era în încăpere și în casă se oprise". Ea a hotărât să trăiască în trecut, nu în prezent sau în viitor.[26]

Moise a avut parte de multă durere și numeroase eșecuri în viața lui. După ce a fost crescut într-o familie bogată, bucurându-se de anumite privilegii, el a omorât un om, a pierdut tot ce avea și și-a petrecut următorii patruzeci de ani din viață în obscuritatea deșertului. Totuși, prin credință, el „L-a văzut pe cel ce este nevăzut" și a auzit chemarea

Spiritualitatea emoțională zilnică

lui Dumnezeu de a face un lucru care avea să fie o binecuvântare pentru mulți oameni.

Întrebare pentru meditație

Care e invitația pe care ți-ar putea-o face Dumnezeu de a ieși din eșecurile și durerea trecutului tău?

Rugăciune

Doamne Isuse, eliberează-mă pentru a fi ceea ce Tu m-ai destinat să fiu. Ajută-mă să mă opresc și să-Ți aud vocea în ziua de astăzi, lăsând în urmă „bagajul" pe care îl port în timp ce caut să te urmez pe Tine. Ajută-mă să pot discerne lucrurile pe care Tu le îndeplinești în viața mea și prin ea, atât în trecut cât și în viitor. Mă rog în numele lui Isus, amin.

Încheie cu un timp de tăcere (2 minute)

ZIUA 1: OFICIUL DE AMIAZĂ/SEARĂ

Tăcere, liniște și focalizare în prezența lui Dumnezeu (2 minute)

Pasaj din Scriptură: Luca 9:59-62

Altuia i-a zis: „Vino după Mine!" „Doamne, I-a răspuns el, lasă-mă să mă duc întâi să îngrop pe tatăl meu." Dar Isus i-a zis: „Lasă morții să-și îngroape morții, și tu du-te de vestește Împărăția lui Dumnezeu." Un altul a zis: „Doamne, Te voi urma, dar lasă-mă întâi să mă duc să-mi iau rămas bun de la ai mei." Isus i-a răspuns: „Oricine pune mâna pe plug și se uită înapoi nu este destoinic pentru Împărăția lui Dumnezeu."

Devoțiune

Există o istorioară despre un băiat care, crescând la marginea unui râu larg și învolburat, și-a petrecut copilăria învățând să construiască plute. Când a ajuns matur, el a doborât câțiva copaci, i-a prins împreună și a trecut pe plută pe partea cealaltă a râului. Întrucât petrecuse atât de mult timp lucrând la plută, el nu s-a îndurat să o lase în urmă când a ajuns la mal, de aceea a legat-o de umeri și a purtat-o cu el, deși nu a întâlnit în călătoria lui decât câteva pârâiaşe şi bălţi uşor de trecut. Din cauză că purta pluta aceea voluminoasă, el s-a oprit rareori să se gândească la frumuseţile pe care le rata în timpul călătoriei, la pomii în care nu se putea urca, la peisajele pe care nu le putea admira, la oamenii de care nu se putea apropia şi la faptul că nu putea alerga. Nici nu şi-a dat seama cât de grea era pluta, întrucât nu ştiuse niciodată cum era să nu o poarte şi să fie liber de ea.

-Lori Gordon[27]

Chiar dacă noi suntem afectaţi de evenimente şi împrejurări ce produc o impresie puternică asupra noastră în tot decursul vieţii noastre pământeşti, familiile din care provenim reprezintă grupul cu cea mai mare influenţă asupra noastră. Chiar şi cei care pleacă de acasă în tinereţe, hotărâţi să "se despartă" de istoria familiei, descoperă în curând că modul în care familia din care provin şi-a trăit viaţa îi urmează oriunde vor merge.

Tiparele comportamentale familiale din trecut sunt trăite în relaţiile noastre din prezent – deseori fără ca noi să fim numaidecât conştienţi de ele. Preţul pe care îl plătim pentru aceasta e înalt. Istoria familiei noastre trăieşte în interiorul nostru, chiar în cei dintre noi care încearcă s-o îngroape.

Doar adevărul ne va face liberi. Ceea ce a fost învăţat nu poate fi dezvăţat. Prin harul şi puterea lui Dumnezeu, putem învăţa moduri noi de a ne trăi viaţa, care vor face posibil să experimentăm schimbarea şi libertatea.

Întrebare pentru meditaţie

Care ar putea fi "pluta" cea grea pe care poate că o porţi în timp ce încerci să urci pe munţii pe care Dumnezeu i-a aşezat înaintea ta?

Rugăciune

Doamne, şi eu sunt unul dintre cei care preferă să nu privească la trecutul dureros sau să şi-l amintească. Arată-mi, Tată, greutăţile şi plutele grele pe care le port din cauza trecutului meu. Ajută-mă să învăţ ce înseamnă a mă confrunta cu trecutul meu într-un mod cinstit, să-l aduc înaintea Ta şi să-Ţi permit să-l foloseşti ca un mijloc

Spiritualitatea emoțională zilnică

de a mă maturiza și de a crește în Hristos. Mă rog în numele lui Hristos, amin.

Încheie cu un timp de tăcere (2 minute)

ZIUA 2: OFICIUL DE DIMINEAȚĂ/AMIAZĂ

Tăcere, liniște și focalizare în prezența lui Dumnezeu (2 minute)

Pasaj din Scriptură: Marcu 3:31-35

Atunci au venit mama și frații Lui și, stând afară, au trimis să-L cheme. Mulțimea ședea în jurului, când I-au spus: „Iată că mama Ta și frații Tăi sunt afară și Te caută."
El a răspuns: „Cine este mama Mea și frații Mei?"
Apoi, ridicându-și privirile peste cei ce ședeau împrejurul Lui: „Iată, a zis El, mama Mea și frații Mei!" Căci oricine face voia lui Dumnezeu, acela îmi este frate, soră și mamă.

Devoțiune

Când devenim creștini suntem adoptați în familia lui Isus. Isus a fost clar și direct când i-a chemat pe oameni să-I fie loiali în primul rând Lui. El a clarificat faptul că ucenicia înseamnă a lepăda tiparele comportamentale păcătoase ale necredinței, pentru a îmbrăca alegerile credinței și a fi transformați spre a trăi ca membri ai familiei lui Dumnezeu.

Atunci când mergem înapoi sau înainte, ne dăm seama că acest proces nu se termină niciodată. Mergem înapoi pentru a rupe o putere distrugătoare a trecutului. Apoi, mai târziu, la un nivel mai adânc, Dumnezeu ne face să ne întoarcem înapoi la aceeași problemă, lucrând la un nivel mai profund.

Thomas Keating compară lucrarea lui Dumnezeu în noi cu un „tel" din Orientul Mijlociu sau un site arheologic, unde se poate vedea cum civilizații din trecut s-au clădit, în același loc, una peste cealaltă. Arheologii excavează, nivel după nivel, cultură după cultură, mergând înapoi în istorie. El spune că Duhul Sfânt e ca un arheolog divin care sapă prin straturile vieții noastre.

Duhul intenționează să investigheze toată istoria vieții noastre, strat după strat, aruncând afară gunoiul și păstrând valorile care au fost adecvate pentru fiecare stadiu al dezvoltării noastre umane... În cele din urmă, Duhul începe să sape în stânca vieții noastre emoționale timpurii... Ca urmare, pe măsură ce înaintăm spre centrul unde de fapt Dumnezeu ne așteaptă, noi vom simți, în mod natural, că situația noastră se înrăutățește. Prin aceasta suntem avertizați că pelerinajul nostru spiritual nu e o istorie de succes sau urcarea pe o treaptă mai sus în cariera noastră. Această călătorie constă, dimpotrivă, dintr-un lanț de umilințe ale sinelui fals.[28]

Întrebare pentru meditație

Care e acel sine fals cu care te lupți, față de care Hristos vrea să mori, pentru a putea trăi cu adevărat?

Rugăciune

Duhule Sfinte, Te chem să sapi prin învelișurile ființei mele care mă împiedică să înaintez în relațiile cu ceilalți și în comuniunea cu ei.

Dă-mi perseverență, pentru a-Ți permite să sapi adânc și să excavezi afară din mine tot ceea ce nu aparține de Hristos, umplându-mă astfel cu prezența Ta. Mă rog în numele lui Isus, amin.

Încheie cu un timp de tăcere (2 minute)

ZIUA 2: OFICIUL DE AMIAZĂ/SEARĂ

Tăcere, liniște și focalizare în prezența lui Dumnezeu (2 minute)

Pasaj din Scriptură: Evrei 12:1-3

Și noi, dar, fiindcă suntem înconjurați cu un nor așa de mare de martori, să dăm la o parte orice piedică și păcatul care ne înfășoară așa de lesne și să alergăm cu stăruință în alergarea care ne stă înainte. Să ne uităm țintă la Căpetenia și Desăvârșirea credinței noastre, adică la Isus, care, pentru bucuria care-I era pusă înainte, a suferit crucea, a disprețuit rușinea și șade la dreapta scaunului de domnie al lui Dumnezeu. Uitați-vă, dar, cu luare aminte la cel ce a suferit din partea păcătoșilor o împotrivire așa de mare față de Sine, pentru ca nu cumva să vă pierdeți inima și să cădeți de oboseală în sufletele voastre.

Spiritualitatea emoțională zilnică

Devoțiune

Francisc din Assisi, unul dintre creștinii cu cea mai mare influență din ultimii două mii de ani, s-a despărțit de familia lui într-un mod foarte dramatic. Pe măsură ce Francisc devenea tot mai pasionat de legătura lui cu Hristos și tot mai puțin interesat de afacerea profitabilă a tatălui său, tensiunea dintre ei a crescut. Punctul culminant al relației dintre ei e prezentat în următoarea relatare:

> Tatăl l-a târât pe fiu înaintea episcopului local, sperând că autoritatea religioasă a orașului va putea să-l facă pe tânăr să-și bage mințile în cap. Planul acesta s-a întors însă împotriva lui. Acolo, în fața lui Dumnezeu și a tuturor, Francis și-a dat jos hainele și le-a dat tatălui său. Stând acolo gol ca în ziua nașterii, Francis a spus: „Până acum te-am numit tată, însă de acum încolo pot spune fără rezerve, ,Tatăl nostru care ești în ceruri.'" Tatăl lui Francis a luat hainele fiului său și le-a dus înapoi, într-o casă mare care acum era ciudat de tăcută. Pe de altă parte, Francis s-a dus mai departe bucurându-se, eliberat dintr-odată de piedicile bogăției, familiei și respectului societății... Totuși, mai exista o ultimă barieră ce trebuia trecută înainte ca el să-l poată sluji pe Dumnezeu cu toată inima. Într-o zi, pe când umbla pe drum și a văzut un lepros apropiindu-se de el, a știut că ocazia pentru a o îndepărta era chiar în fața lui... Francisc s-a aplecat spre el și l-a sărutat.[29]

Francisc din Assisi reprezintă unul dintre cei ce se află în „norul de martori" menționat în Evrei 12. El a dat la o parte orice piedică, în mod literal, și a fost lansat de Dumnezeu într-o viață și un destin extraordinar. Viața lui continuă să ne vorbească și nouă, astăzi.

Întrebare pentru meditație

Care e lucrul care te impresionează cel mai mult din această relatare despre Francisc? Cum îți vorbește Dumnezeu prin ea?

Rugăciune

Doamne, nu există nimeni ca tine. Vreau să te cunosc ca pe Tatăl meu suprem, ca pe cel a cărui dragoste inimaginabilă, necondiționată, mă eliberează pentru a trăi pentru tine – cu mult mai presus de orice alte loialități și așteptări. Mă rog în numele lui Isus, amin.

Încheie cu un timp de tăcere (2 minute)

ZIUA 3: OFICIUL DE DIMINEAȚĂ/AMIAZĂ

Tăcere, liniște și focalizare în prezența lui Dumnezeu (2 minute)

Pasaj din Scriptură: Geneza 50:15, 18-21

Când au văzut frații lui Iosif că tatăl lor a murit, au zis: „Dacă va prinde Iosif ură pe noi și ne va întoarce tot răul pe care i l-am făcut?" Frații lui au venit și s-au aruncat ei înșiși cu fața la pământ înaintea lui și i-au zis: „Suntem robii tăi." Iosif le-a zis: „Fiți fără teamă; căci sunt eu oare în locul lui Dumnezeu? Voi, negreșit, v-ați gândit să-mi faceți rău: dar Dumnezeu a schimbat răul în bine, ca să împlinească ceea ce se vede azi, și anume, să scape viața unui popor în mare număr. Fiți, dar, fără teamă, căci eu vă voi hrăni, pe voi și pe copiii voștri." Și i-a mângâiat și le-a îmbărbătat inimile.

Devoțiune

Iosif s-a născut într-o familie marcată de o mare zdrobire și tristețe. Mânia, invidia, păstrarea secretelor și trădarea au făcut cu toate parte din viața de tânăr a lui Iosif. El a petrecut treisprezece ani în închisoare, despărțit complet de familia lui.

Cu toate acestea, Iosif a fost în stare să vadă mâna mare, iubitoare a lui Dumnezeu prin toate obstacolele și dezamăgirile lui. El a afirmat, făcând acest lucru, că Dumnezeu ne conduce, într-un mod misterios, pentru a împlini scopurile pe care le are pentru noi, prin întuneric și obscuritate. Dumnezeu e Domnul, Dumnezeul cel atotputernic, care ține în mâna Lui toată istoria și lucrează în moduri care ne sunt în mare parte ascunse nouă celor de pe pământ. Iosif a înțeles că Dumnezeu e la lucru în toate, că El lucrează în ciuda eforturilor omului, prin ele și chiar împotriva lor, coordonând împlinirea scopurilor Lui.[30]

Când ne supunem lui Dumnezeu, El nu leapădă nici o parte din trecutul nostru când lucrează la crearea viitorului pe care îl are El în vedere. El e Domnul! Când ne supunem lui Dumnezeu, fiecare

Spiritualitatea emoțională zilnică

greșeală, păcat și ocoliș pe care le facem în călătoria vieții sunt preluate de El și transformate în darul Lui pentru un viitor binecuvântat. De ce a îngăduit Dumnezeu ca Iosif să treacă printr-o astfel de suferință și pierdere? Vedem, în Geneza 37-50, anumite urme ale lucrurilor bune care s-au întâmplat ca rezultat al lor, însă o mare parte din motivul pentru care au avut loc aceste lucruri rămâne un mister. Pentru noi, cel mai important lucru de care trebuie să ne dăm seama astăzi e că Iosif nu și-a negat trecutul, ci s-a încrezut în bunătatea și dragostea lui Dumnezeu, chiar atunci când împrejurările se înrăutățeau tot mai mult.[31]

Întrebare pentru meditație

Cum ar sta lucrurile dacă i-ai da astăzi lui Dumnezeu durerile trecutului tău (greșeli, păcate, piedici întâmpinate și dezamăgiri)?

Rugăciune

Tată, eu afirm împreună cu Iosif că tu m-ai pus, într-un mod suveran, în familia din care provin, în cultura mea și în împrejurările din prezent. Eu nu pot vedea tot ceea Tu vezi, însă Îți cer să-mi arăți cum pot, asemeni lui Iosif, să mă odihnesc în dragostea și puterea Ta – chiar atunci când nu văd nici un bine care ar putea să rezulte în urma a acțiunii Tale. Mă rog în numele lui Isus, amin.

Încheie cu un timp de tăcere (2 minute)

ZIUA 3: OFICIUL DE AMIAZĂ/SEARĂ

Tăcere, liniște și focalizare în prezența lui Dumnezeu (2 minute)

Pasaj din Scriptură: Geneza 45:4-7

Iosif a zis fraților săi: „Apropiați-vă de mine." Și ei s-au apropiat. El a zis: „Eu sunt fratele vostru Iosif, pe care l-ați vândut ca să fie dus în Egipt. Acum, nu vă întristați și nu fiți mâhniți că m-ați vândut ca să fiu adus aici, căci ca să vă scap viața m-a trimis Dumnezeu înaintea voastră. Iată că sunt doi ani de când bântuie foametea în țară; și încă cinci ani nu va fi nici arătură, nici seceriș. Dumnezeu m-a trimis înaintea voastră ca să vă rămână sămânța vie în țară și ca să vă păstrez viața printr-o mare izbăvire."

Devoțiune

Cei mai mulți dintre noi nu dorim să ne amintim şi să simțim rănile şi durerea trecutului. Asta ne poate face să ne simțim ca şi cum ne-am afla în fața unei prăpăstii care e gata să ne înghită. Ne întrebăm dacă nu cumva făcând asta ne înrăutățim situația. Totuşi, Iosif a plâns de mai multe ori când şi-a revăzut familia. De fapt, Scriptura spune că el a plâns atât de tare că l-au auzit egiptenii (Geneza 45:2). Iosif nu a minimalizat şi nu a raționalizat anii dureroşi ai vieții lui. Din cauza mâniei, El şi-ar fi putut distruge frații. Însă, în urma unui proces de jelire onest, el i-a iertat într-un mod autentic pe frații lui care îl trădaseră, şi a fost în stare să-i binecuvânteze. Iosif a fost în stare să înțeleagă faptul că Dumnezeu îl trimisese mai înainte în Egipt pentru a salva viețile fraților lui, printr-o mare izbăvire (Geneza 45:7).

Întrebarea este: „Cum a făcut el asta?"

E clar că Iosif a avut o istorie tainică a unei relații cu Dumnezeu pe care a dezvoltat-o pe parcursul unei perioade îndelungate de timp. Întreaga lui viață a fost structurată în jurul urmării Domnului, Dumnezeului lui Israel. Apoi, când a venit momentul ca el să ia acea decizie critică, el a fost pregătit. El a preluat conducerea asupra familiei lui – şi a continuat să fie conducătorul lor până la sfârşitul zilelor lui – îngrijindu-se de trebuințele lor financiare, emoționale şi spirituale.

Întrebare pentru meditație

Ce dureri ai în viață care aşteaptă să le recunoşti şi să le plângi?

Rugăciune

Doamne, condu-mă prin procesul de jelire şi vindecare, pentru ca eu să pot să ofer o bunătate şi iertare autentică acelora care nu au fost buni cu mine. Ajută-mă, ca pe Iosif, să mă unesc cu tine pentru a deveni o binecuvântare pentru mulți alți oameni. Mă rog în numele lui Isus, amin.

Încheie cu un timp de tăcere (2 minute)

Spiritualitatea emoțională zilnică

ZIUA 4: OFICIUL DE DIMINEAȚĂ/AMIAZĂ

Tăcere, liniște și focalizare în prezența lui Dumnezeu (2 minute)

Pasaj din Scriptură: Fapte 9:1-6,15-16

Dar Saul sufla încă amenințarea și uciderea împotriva ucenicilor Domnului. S-a dus la marele preot și i-a cerut scrisori către sinagogile din Damasc, că, dacă va găsi pe unii umblând pe Calea credinței, atât bărbați, cât și femei, să-i aducă legați la Ierusalim. Pe drum, când s-a apropiat de Damasc, deodată a strălucit o lumină din cer în jurul lui. El a căzut la pământ și a auzit un glas care-i zicea: „Saule, Saule, pentru ce Mă prigonești?" „Cine ești Tu, Doamne?", a răspuns el. Și Domnul a zis: „Eu sunt Isus pe care-L prigonești. Ți-ar fi greu să arunci înapoi cu piciorul într-un țepuș." Tremurând și plin de frică, el a zis: „Doamne, ce vrei să fac?" „Scoală-te, i-a zis Domnul, intră în cetate, și ți se va spune ce trebuie să faci."

Dar Domnul i-a zis: „Du-te, căci el este un vas pe care l-am ales, ca să ducă Numele Meu înaintea Neamurilor, înaintea împăraților și înaintea fiilor lui Israel și îi voi arăta tot ce trebuie să sufere pentru numele Meu."

Devoțiune

Convertirea impresionantă a lui Saul și viața lui ca apostol pot fi înțelese doar privind la întreaga lui viață și instruire, care au dus la acest pasaj renumit din Fapte 9.

Søren Kierkegaard a remarcat odată că viața e trăită mergând înainte, însă e înțeleasă mergând înapoi. O persoană care a trăit cu siguranță acest lucru a fost Alexandr Soljenițîn.

Soljenițîn e considerat de mulți cel mai mare scriitor rus al secolului douăzeci, însă el nu a avut niciodată un sentiment clar al chemării de a scrie. Scopul scrierilor lui a izvorât din experiența Gulagului pe care a avut-o, a lagărelor de concentrare sovietice – un loc în care el a dus o luptă crâncenă pentru a scrie, a trăit o minune prin vindecarea sa de cancer, a cunoscut convertirea printr-un urmaș evreu al lui Isus și a purtat o povară tot mai mare de a consemna „dorința lăsată pe limbă de moarte de milioane de oameni." El a scris:

Ceea ce mă îngrijora era că se putea să nu-mi mai rămână timp pentru a duce la îndeplinire planul în întregime. Simțeam că urma să ocup un loc în lume care îmi era menit mie și care mă așteptase pe mine de mult timp, un mulaj care fusese făcut doar pentru mine, însă pe care îl înțelesesem abia acum. Eu eram o substanță topită, nerăbdător, insuportabil de nerăbdător, așteptând să fiu turnat în mulajul meu, să-l umplu pe deplin, fără bule de aer sau crăpături care să se răcească și să se întărească mai apoi...
Mai târziu, adevărata semnificație a ceea ce s-a întâmplat avea să-mi fie lămurită, în mod inevitabil, iar eu aveam să rămân mut de uimire.[32]

Întrebare pentru meditație

Care e spațiul din lume (pentru care te-a pregătit trecutul tău) ce așteaptă să fie umplut de tine?

Rugăciune

Doamne, Tu ești bun și dragostea Ta rămâne pe vecie. Ajută-mă să mă încred în Tine – în lucrurile bune, precum și în cele dificile, în succese și în eșecuri, în bucuriile și întristările trecutului meu. Eu mă supun vocii Tale care îmi șoptește: „Toate sunt bune și toate vor fi bune." Mă rog în numele lui Isus, amin.

Încheie cu un timp de tăcere (2 minute)

ZIUA 4: OFICIUL DE AMIAZĂ/SEARĂ

Tăcere, liniște și focalizare în prezența lui Dumnezeu (2 minute)

Pasaj din Scriptură: 1 Samuel 16: 6-7

Când au intrat ei, Samuel, văzând pe Eliab, și-a zis: „Negreșit, unsul Domnului este aici înaintea Lui." Și Domnul i-a zis lui Samuel: „Nu te uita la înfățișarea și înălțimea staturii lui, căci l-am lepădat. Domnul nu se uită la ce se uită omul; omul se uită la ceea ce izbește ochii, dar Domnul se uită la inimă."

Spiritualitatea emoțională zilnică

Devoțiune

Chaim Potok, în nuvela lui, The Chosen (Alesul), relatează despre prietenia dintre doi băieți care cresc în Brooklyn, New York. Danny e un evreu hasidic strict, iar Reuven e un evreu conservator. Tatăl lui Danny e liderul unei comunități hasidice și își crește copilul în tăcere. El nu-i vorbește niciodată direct. Danny e jignit și nedumerit. El nu înțelege de ce tatăl lui e atât de distant și de ce îi produce atâta durere. La sfârșitul nuvelei, tatăl lui Danny îi explică faptul că el a făcut acest lucru pentru Danny, din dragoste.

Mai târziu, Danny reflectă la experiența lui dureroasă: „Tatăl meu n-a vorbit niciodată cu mine, decât atunci când am studiat împreună. El m-a învățat prin tăcere. El m-a învățat să privesc în interiorul meu, să-mi găsesc singur puterea, să umblu în interiorul meu, în tovărășia sufletului meu.”

În carte, Danny descoperă că suferința pe care a trăit-o a dus la un rezultat bun. „Înveți despre durerea altora suferind durerea ta proprie, mergând în interiorul ființei tale și descoperindu-ți propriul suflet. E important să știi ce e durerea. Ea ne distruge mândria, aroganța și indiferența față de ceilalți. Ea ne face conștienți de cât de fragezi și minusculi suntem și de cât de mult trebuie să depindem de Stăpânul Universului.”[33]

Când citim 1 Samuel 16, ne întrebăm cum a fost viața pentru David, care era cel mai mic dintre șapte fii. Ce a învățat el din faptul că a fost tratat ca și cum era invizibil, nu numai de frații lui, dar și de tatăl lui? Cum se poate ca o astfel de experiență să-i fi format caracterul, astfel încât el să fie numit mai târziu „un om după inima lui Dumnezeu"?

Întrebare pentru meditație

Ce poți spune despre cum ai învățat ce înseamnă suferința altora din propria ta suferință?

Rugăciune

Tată, fie ca durerile pe care le experimentez în viață să omoare lucrurile care am nevoie să moară în mine – aroganța, mândria și indiferența față de alții. Ajută-mă să fiu conștient zilnic de fragilitatea mea și de cât de mult trebuie să mă bizui pe tine, Stăpânul Universului. Mă rog în numele lui Isus, amin.

Încheie cu un timp de tăcere (2 minute)

ZIUA 5: OFICIUL DE DIMINEAŢĂ/AMIAZĂ

Tăcere, liniște și focalizare în prezența lui Dumnezeu (2 minute)

Pasaj din Scriptură: Exod 14:10,13-16

Faraon se apropia. Copiii lui Israel și-au ridicat ochii și iată că egiptenii veneau după ei. Şi copiii lui Israel s-au înspăimântat foarte tare și au strigat către Domnul după ajutor. Moise a răspuns poporului: „Nu vă temeți de nimic, stați pe loc și veți vedea izbăvirea pe care v-o va da Domnul în ziua aceasta; căci pe egiptenii aceştia, pe care-i vedeți azi, nu-i veți mai vedea niciodată. Domnul se va lupta pentru voi; dar voi stați liniştiți." Domnul a zis lui Moise: „Ce rost au strigătele acestea? Spune copiilor lui Israel să pornească înainte. Tu ridică-ți toiagul, întinde-ți mâna spre mare și despic-o; și copiii lui Israel vor trece prin mijlocul mării ca pe uscat."

Devoțiune

Atunci când oastea Egiptului venea pe urmele israeliților, la Marea Roșie, Moise a demonstrat că era un lider bun. Totuși, în neliniștea lor, Israeliții au distorsionat trecutul și au refuzat să meargă înainte. Ei au preferat trecutul lor mizerabil unui viitor necunoscut cu Dumnezeu.

Moise stă în fața lor, cu curaj, și le spune să „stea liniştiți" și să „pornească înainte." El își ridică toiagul și face niște pași deliberați pentru a merge înainte. Aducându-și aminte de Domnul (stând liniştit), Moise face cu curaj lucrul care e cel mai bun pentru el în acea situație (înaintează), în ciuda lipsei de sprijin a israeliților. El e un exemplu al echilibrului delicat pe care trebuie să îl ai când ești liniștit, dar și înaintezi. Procedând astfel, el transformă nu numai viața lui, dar și pe cea a celor din jurul lui.

Toți cei ce au suflare „sunt la pupitrul de conducere" de multe ori pe zi. Noi conducem prin acțiunile noastre, de la zâmbet până la încruntare; prin cuvinte, începând de la binecuvântare până la blestem; cu decizii, de la cele luate cu credincioşie, până la cele făcute cu teamă... Când mă împotrivesc ideii de a mă considera lider, eu fac asta nu din modestie sau dintr-o perspectivă clară asupra realității vieții mele... Sunt responsabil pentru impactul pe care îl am asupra celor din jur, indiferent dacă admit acest lucru sau nu. Așadar, de ce e nevoie pentru a putea fi considerat lider? A fi uman și a fi prezent în viețile celor din jur. Atât timp cât sunt prezent în viețile celor din jur, făcând ceea ce fac, sunt lider, spre bine sau spre rău, iar dacă eu pot spune asta, același lucru se poate spune despre tine.[34]

-Parker Palmer

Întrebare pentru meditație

Cum s-ar putea să ți se aplice astăzi cuvintele din Exod 14:14-15 – „Domnul se va lupta pentru voi; dar voi stați liniștiți", precum și îndemnul de a porni înainte?

Rugăciune

Doamne eu mă pot identifica cu israeliții din deșert și cu dorința lor de a se întoarce la o realitate previzibilă – chiar ea mă face să mă simt mizerabil. Schimbarea e grea. Dă-mi curajul lui Moise, pentru a umbla în acel echilibru delicat, stând liniștit, dar, în același timp, înaintând spre viața nouă în Hristos pe care Tu o ai pentru mine. Mă rog în numele lui Isus, amin.

Încheie cu un timp de tăcere (2 minute)

ZIUA 5: OFICIUL DE AMIAZĂ/SEARĂ

Tăcere, liniște și focalizare în prezența lui Dumnezeu (2 minute)

Pasaj din Scriptură: Psalmii 131

Doamne, eu n-am o inimă îngâmfată, nici priviri trufașe, nu mă îndeletnicesc cu lucruri prea mari și prea înalte pentru mine. Dimpotrivă, sufletul îmi este liniștit și potolit ca un copil înțărcat care stă lângă mama sa; da, sufletul meu este încă un copil înțărcat. Pune-ți nădejdea în Domnul, Israele, de acum și până în veac!

Devoţiune

Deseori noi ne uităm umanitatea, limitele şi incapacitatea de a-i schimba pe alţii. Dacă luăm în considerare faptul că David a fost unul dintre oamenii cei mai puternici din vremea lui, e uimitor cum, în acest psalm, el îşi aminteşte sieşi să nu aibă gânduri prea înalte despre sine. Citatul de mai jos e al unui rabin hasidic anonim, care se afla pe patul de moarte. Aceste cuvinte mi-au fost de ajutor în decursul anilor; ele mă ajută să mă concentrez asupra schimbării pe care Hristos o face în mine:

Când eram tânăr, m-am pornit să schimb lumea. Când am mai îmbătrânit, mi-am dat seama că acest lucru era prea ambiţios, astfel că m-am pornit să schimb ţara în care trăiam. Şi acest lucru, mi-am dat seama pe măsură ce am înaintat în vârstă, era prea ambiţios, ca urmare m-am pornit să schimb oraşul în care locuiam. Când mi-am dat seama că nu puteam face nici măcar aceasta, am încercat să-mi schimb familia. Acum, ca om în vârstă, ştiu că aş fi trebuit să încep prin a mă schimba pe mine însumi. Dacă aş fi început cu mine însumi, poate că aş fi reuşit să-mi schimb familia, oraşul, sau chiar ţara – şi cine ştie poate chiar şi lumea![35]

Întrebare pentru meditaţie

În Psalmii 131:1, David se roagă: „Nu mă îndeletnicesc cu lucruri prea mari şi prea înalte pentru mine." Ce-ţi spun aceste cuvinte?

Rugăciune

Doamne Isuse, dă inimii mele ochi care să vadă şi urechi care să audă modurile în care trebuie să mă schimb. Fie ca eu să fiu transformat într-un mod mai profund, mai radical şi mai puternic, pentru numele Tău. Amin.

Încheie cu un timp de tăcere (2 minute)

Călătoria prin zid

4

OFICII ZILNICE

Săptămâna a Patra

ZIUA 1: OFICIUL DE DIMINEAŢĂ/AMIAZĂ

Tăcere, liniște și focalizare în prezența lui Dumnezeu (2 minute)

Pasaj din Scriptură: Geneza 12:1-3

Domnul zisese lui Avraam: „Ieşi din ţara ta, din rudenia ta şi din casa tatălui tău şi vino în ţara pe care ţi-o voi arăta.
Voi face din tine un neam mare
   și te voi binecuvânta;
îţi voi da un nume mare
   și vei fi o binecuvântare.
Voi binecuvânta pe cei ce te vor binecuvânta
   și voi blestema pe cei ce te vor blestema;
și toate familiile pământului
   vor fi binecuvântate în tine.

Devoţiune

Puţine metafore reuşesc să descrie experienţa pe care o avem urmându-L pe Hristos cum o face imaginea unei călătorii. Călătoriile implică acţiune, mişcare, opriri şi începuturi, ocolişuri, întârzieri şi excursii în necunoscut.

Dumnezeu l-a chemat pe Avraam să-şi lase viaţa lui confortabilă în Ur, la vârsta de şaptezeci şi cinci de ani, şi să înceapă o călătorie lungă, înceată – o călătorie cu Dumnezeu care avea să necesite multă încredere răbdătoare.

Încredere răbdătoare

Mai presus de toate, încrede-te în lucrarea lină a lui Dumnezeu. În mod natural, noi suntem destul de nerăbdători în toate lucrurile, căutând să ajungem la capăt fără nici o întârziere. Nouă ne place să sărim peste stadiile intermediare. Nu avem răbdare, căutând să intrăm pe făgaşul spre ceva necunoscut, ceva nou. Totuşi, legea oricărui progres spune că acesta e făcut trecând prin câteva stadii caracterizate de instabilitate – şi că progresul s-ar putea să ia mult timp.
Tot la fel cred că e şi în cazul tău; ideile tale se maturizează în mod gradat – lasă-le să crească, să ia formă, fără a te grăbi fără rost. Nu

Spiritualitatea emoțională zilnică

încerca să le forțezi, ca și cum tu ai putea fi astăzi ceea ce doar timpul (adică harul și împrejurările care merg în favoarea ta) va face din tine mâine. Doar Dumnezeu poate spune ce va fi acest duh nou care se formează în mod treptat în tine. Acordă-i Domnului încrederea că mâna Sa te conduce. Acceptă neliniștea care vine din faptul că te simți în suspans și incomplet.

- Pierre Teilhard de Chardin[36]

Întrebare pentru meditație

Ce înseamnă pentru tine să ai încredere, astăzi, în lucrarea înceată a lui Dumnezeu?

Rugăciune

Tată, dă-mi curajul de a mă lansa în călătoria unică pe care ai plănuit-o pentru mine. Eu îți încredințez Ție, prin credință, nevoia și dorința pe care o am de a deține controlul asupra fiecărui eveniment, împrejurare și persoană pe care o voi întâlni astăzi. Mă rog în numele lui Isus, amin.

Încheie cu un timp de tăcere (2 minute)

ZIUA 1: OFICIUL DE AMIAZĂ/SEARĂ

Tăcere, liniște și focalizare în prezența lui Dumnezeu (2 minute)

Pasaj din Scriptură: Cântarea Cântărilor 1:2, 3:1-3

Să mă sărute cu sărutările gurii lui! –
    Căci toate dezmierdările tale sunt mai bune decât vinul...
Am căutat toată noaptea în așternutul meu,
    am căutat pe iubitul inimii mele;
L-am căutat, dar nu l-am găsit!
    M-am sculat și atunci am cutreierat cetatea,
ulițele și piețele;
    Și am căutat pe iubitul inimii mele,
L-am căutat, dar nu l-am găsit.
    M-am întâlnit cu păzitorii
care dau ocol cetății; și i-am întrebat:
    „N-ați văzut pe iubitul inimii mele?"

Săptămâna 4

Devoțiune

Creștinii interpretează Cântarea Cântărilor în două moduri deferite: ca pe o descriere a dragostei maritale dintre un bărbat și o femeie sau ca pe o descriere a relației noastre de dragoste cu Domnul Isus – mirele nostru. Pasajul din Cântarea Cântărilor 3:1-3 se aseamănă, într-un mod particular, cu experiența maicii Tereza din Calcuta. Referindu-se la durerea simțită fiindcă nu Îl simțea Dumnezeu în anumite momente ale slujirii ei printre cei săraci timp de cincizeci de ani, ea a scris:

Când încerc să-mi ridic gândurile spre cer, simt o goliciune atât de convingătoare, încât însăși aceste gânduri se întorc precum niște cuțite ascuțite și îmi rănesc sufletul. Cuvântul dragoste nu aduce nici o schimbare. Mi se spune că Dumnezeu mă iubește – totuși, realitatea întunericului, răcelii și goliciunii e atât de mare, încât nimic nu-mi atinge sufletul...

În ciuda tuturor acestor lucruri – acest întuneric și goliciune nu e atât de dureros ca tânjirea după Dumnezeu...

Înainte puteam să petrec ore înaintea Domnului Nostru – iubindu-L – vorbind cu El, iar acum nici măcar meditarea la El nu decurge cum trebuie... Totuși, undeva, în străfundul inimii mele, acea tânjire după Dumnezeu continuă să străpungă întunericul... Sufletul meu e asemeni unui bloc de gheață – nu am nimic de spus.[37]

Maica Tereza și-a dat seama că întunericul pe care îl simțea era partea spirituală a lucrării ei, o părtășie în suferințele lui Hristos, o comoară pentru ea și pentru lucrarea ei unică. În cele din urmă, ea a scris: „Am ajuns să iubesc întunericul, întrucât cred că e o parte, o parte foarte mică, din întunericul și durerea lui Isus pe pământ."[38]

Întrebare pentru meditație

Oare ce comori se ascund în întunericul sau în dificultățile din viața ta?

Rugăciune

Tată, învață-mă să mă încred în Tine chiar atunci când mi se pare că sunt singur și că Tu dormi în barcă, în timp ce furtunile bat peste tot în jurul meu. Ajută-mă să văd comorile care pot fi găsite doar în întuneric. În următorul loc pe care îl ai pentru mine în această

69

Spiritualitatea emoțională zilnică

călătorie care se numește viață, dă-mi pacea care vine din a Te urma.
Mă rog în numele lui Isus, amin.

Încheie cu un timp de tăcere (2 minute)

ZIUA 2: OFICIUL DE DIMINEAȚĂ/AMIAZĂ

Tăcere, liniște și focalizare în prezența lui Dumnezeu (2 minute)

Pasaj din Scriptură: Evrei 12:7-11

Suferiți pedeapsa: Dumnezeu se poartă cu voi ca și cu niște fii. Căci care este fiul pe care nu-l pedepsește tatăl? Dar, dacă sunteți scutiți de pedeapsă, de care toți au parte, sunteți niște feciori din curvie, iar nu fii. Și apoi, dacă părinții noștri trupești ne-au pedepsit, și tot le-am dat cinstea cuvenită, nu trebuie oare cu atât mai mult să ne supunem Tatălui duhurilor, și să trăim? Căci ei în adevăr ne pedepseau pentru puține zile, cum credeau ei că e bine; dar Dumnezeu ne pedepsește pentru binele nostru, ca să ne facă părtași sfințeniei Lui. Este adevărat că orice pedeapsă, deocamdată pare o pricină de întristare, și nu de bucurie; dar mai pe urmă aduce celor ce au trecut prin școala ei roada dătătoare de pace a neprihănirii.

Devoțiune

Modul cel mai bun de a înțelege dinamica Zidului e de a examina lucrarea clasică a lui Ioan al Crucii, Dark Night of the Soul (Noaptea întunecoasă a sufletului), scrisă cu aproape cinci sute de ani în urmă. El i-a descris pe cei ce fac această călătorie ca aflându-se în trei faze: cei ce sunt la început, cei ce au înaintat pe ea și cei desăvârșiți. El a susținut că, pentru a ieși din faza de început, trebuie să primim de la Dumnezeu darul nopții întunecoase sau al Zidului. Acesta este „modul obișnuit" în care noi creștem în Hristos.

Zidul este modul lui Dumnezeu de a reface circuitele vieții noastre interioare și de a ne „curăța de atașamentele și patimile noastre", pentru ca noi să ne putem găsi plăcerea în dragostea Lui și să intrăm într-o comuniune mai bogată și mai plină cu El. El lucrează pentru a ne elibera de jugurile nesănătoase și de idolatrie. Dumnezeu vrea să ne comunice adevărata Lui dulceață și dragoste. El tânjește ca noi să cunoaștem adevărata Sa pace și odihnă.

Din acest motiv, Ioan al Crucii a scris că Dumnezeu ne trimite „noaptea întunecoasă a focului dragostei", pentru a ne elibera de anumite defecte spirituale mortale, cum ar fi mândria (tendința de a-i condamna pe alții și de a nu avea răbdare cu defectele lor), avariția (cei ce suferă de nemulțumire), iubirea luxului (găsirea unei plăceri mai mari în binecuvântările spirituale ale lui Dumnezeu decât în Dumnezeu însuși), mânia (tendința de a deveni iritat sau nerăbdător cu ușurință), lăcomia spirituală (împotrivirea față de crucea care trebuie dusă individual), invidia spirituală (comparația necontenită cu alți oameni) și lenevia (fuga de orice este greu).[39]

Întrebare pentru meditație

Care sunt unele dintre legăturile nesănătoase cu idolii pe care Dumnezeu vrea să-i îndepărteze din viața ta, pentru a te conduce la o părtășie mai adâncă, mai bogată cu El?

Rugăciune

Doamne, Te chem în ziua de astăzi să desprinzi din mine orice atașamente nesănătoase sau orice idoli. În Psalmul 32, Tu promiți să mă înveți calea pe care trebuie să merg. Ajută-mă să nu fiu încăpățânat ca un catâr, ci să cooperez cu Tine atunci când Tu cauți să mă conduci la libertate. Condu-mă la un loc de părtășie cu Tine, unde să pot găsi o pace și o odihnă autentică. Mă rog în numele lui Isus, amin.

Încheie cu un timp de tăcere (2 minute)

ZIUA 2: OFICIUL DE AMIAZĂ/SEARĂ

Tăcere, liniște și focalizare în prezența lui Dumnezeu (2 minute)

Pasaj din Scriptură: Geneza 22:9-12

Când au ajuns la locul pe care i-l spusese Dumnezeu, Avraam a zidit acolo un altar și a așezat lemnele pe el. A legat pe fiul său, Isaac, și l-a pus pe altar, deasupra lemnelor. Apoi Avraam a întins mâna și a luat cuțitul ca să înjunghie pe fiul său. Atunci Îngerul Domnului l-a strigat din ceruri și a zis: „Avraame! Avraame!"

„Iată-mă!", a răspuns el. Îngerul a zis:

Spiritualitatea emoțională zilnică

„Să nu pui mâna pe băiat și să nu-i faci nimic; căci știu acum că te temi de Dumnezeu, întrucât n-ai cruțat pe fiul tău, pe singurul tău fiu, pentru Mine."

Devoțiune

Noi ne confruntăm cu zidul atunci când o criză întoarce lumea noastră cu susul în jos. Aceste ziduri nu sunt doar niște evenimente singulare, prin care trecem și înaintăm mai departe. Ele sunt probleme la care ne întoarcem, ca parte din relația noastră continuă cu Dumnezeu.

Iată-l pe Avraam așteptând la zidul infertilității timp de douăzeci și cinci de ani înainte de nașterea primului său copil împreună cu soția lui, Sara. După o vreme de zece până la treisprezece ani, Dumnezeu l-a condus la un alt zid – despărțirea lui de Ismael, fiul lui cel mai mare (pe care l-a avut cu roaba Sarei, Hagar). Avraam s-a confruntat cu al treilea zid câțiva ani mai târziu, când Dumnezeu i-a poruncit să-l jertfească pe altar pe fiul lui preaiubit și mult așteptat, Isac.

Se pare că Avraam a trecut prin zid de multe ori în călătoria lui cu Dumnezeu. De ce? Thomas Merton dă următoarea explicație: „Fără a intenționa și fără a ne da seama, noi cădem înapoi în defectele noastre. Obiceiurile rele sunt ca niște rădăcini vii care se întorc. Aceste rădăcini trebuie să fie săpate și îndepărtate din grădina sufletului nostru... Lucrul acesta necesită intervenția directă a lui Dumnezeu.[40]

Întrebare pentru meditație

Care sunt acele lucruri sau persoane în care ți-ai înrădăcinat identitatea, care trebuie să fie smulse de Dumnezeu, pentru ca identitatea ta să fie înrădăcinată din nou în El?

Rugăciune

Ava Tată, îmi deschid pumnii încleștați pentru a-Ți supune Ție toate lucrurile pe care mi le-ai încredințat. Fă ca identitatea mea să fie înrădăcinată din nou în Tine – nu în familia mea, munca mea, realizările mele sau în ceea ce alții cred despre mine. Curăță din mine lucrurile care nu sunt în conformitate cu voia Ta. Îmi unesc, prin credință, voia mea cu voia Ta, pentru ca asemănarea cu Isus Hristos să ia chip în mine. Mă rog în numele lui Isus, amin.

Încheie cu un timp de tăcere (2 minute)

ZIUA 3: OFICIUL DE DIMINEAȚĂ/AMIAZĂ

Pasaj din Scriptură: Romani 11: 33-36

O adâncul bogăției, înțelepciunii și științei lui Dumnezeu!
Cât de nepătrunse sunt judecățile Lui
și cât de neînțelese sunt căile Lui!
Și, în adevăr, „cine a cunoscut glasul Domnului?
Sau cine a fost sfetnicul Lui?
Cine i-a dat ceva întâi,
ca să aibă de primit înapoi?"
Din El, prin El și pentru El sunt toate lucrurile. A Lui să fie slava în
veci! Amin.

Devoțiune

Experiența pe care o avem la zid poate fi benefică prin faptul că ne ajută să apreciem mai mult ceea ce eu numesc „sfânta neștiință" sau mister. Acest lucru ne mărește abilitatea noastră de a-L aștepta pe Dumnezeu atunci când toată ființa noastră spune: „Fă ceva!"

O poveste veche vorbește despre un om înțelept ce trăia pe una din frontierele vaste ale Chinei. Într-o zi, fără vreun motiv aparent, calul unui tânăr a fugit și a fost luat de nomazii ce se aflau dincolo de graniță. Toți au încercat să-l consoleze pe tânăr pentru nenorocul lui, însă tatăl lui, un om înțelept, a spus: „Ce te face atât de sigur că aceasta nu e binecuvântare?"

După câteva luni, calul s-a întors, aducând cu el un armăsar superb. De data aceasta, toți au fost plini de felicitări pentru norocul fiului. De data aceasta tatăl însă i-a zis: „Ce te face să crezi că acesta nu e un dezastru?"

Casa lor a devenit mai bogată din cauza acestui cal superb, pe care fiului îi plăcea să-l călărească. Într-o zi însă el a căzut de pe cal și și-a rupt șoldul. Din nou, cu toții l-au consolat pentru nenorocul lui, însă tatăl lui i-a spus: „Ce te face atât de sigur că aceasta nu e o binecuvântare?"

Un an mai târziu, ei au fost invadați de nomazi, și fiecărui bărbat cu sănătos i s-a cerut să-și ia arcul și să meargă la luptă. Nouă din zece bărbați ce făceau parte din familiile de chinezi ce locuiau la graniță au pierit în luptă. Tatăl și fiul au supraviețuit și au putut să se îngrijească unul pe altul doar din cauză că fiul era olog.

Ceea ce părea a fi o binecuvântare și un succes s-a dovedit deseori a fi un lucru groaznic. Ceea ce părea a fi un eveniment groaznic s-a dovedit deseori a fi o binecuvântare bogată.[41]

Întrebare pentru meditație

Ai experimentat vreodată o împrejurare groaznică ce s-a dovedit (în timp), a fi o mare binecuvântare?

Rugăciune

Tată, iartă-mă, pentru că uneori Te tratez ca pe un asistent personal sau pe o secretară. Căile Tale sunt tainice și mai presus de înțelegerea mea. Ajută-mă să-mi pun încrederea în Tine și nu în împrejurări. Când sunt în prezența Ta nu pot decât să tac. Mă rog în numele lui Isus, amin.

Încheie cu un timp de tăcere (2 minute)

ZIUA 3: OFICIUL DE AMIAZĂ/SEARĂ

Tăcere, liniște și focalizare în prezența lui Dumnezeu (2 minute)

Pasaj din Scriptură: Iov 42:1-6

Iov a răspuns Domnului și a zis:
„Știu că Tu poți totul
și că nimic nu poate sta împotriva gândurilor Tale.”
„Cine este acela care are nebunia să-Mi întunece planurile?”
Da, am vorbit, fără să le înțeleg,
de minuni, care sunt mai presus de mine și pe care nu le pricep.
„Ascultă-Mă și voi vorbi; te voi întreba, și Mă vei învăța.”
„Urechea mea auzise vorbindu-se de Tine
dar acum ochiul meu Te-a văzut.
De aceea mi-a scârbă de mine
și mă pocăiesc în țărână și cenușă.

Devoţiune

Iov a fost credincios şi fără vină, un om integru. Totuşi, el a suferit pierderea tragică a familiei, a bogăţiei şi a sănătăţii sale, şi şi-a dat seama că se afla la un zid precum puţine alte persoane din Scriptură au cunoscut. Din acest loc de luptă profundă cu credinţa lui şi cu Dumnezeu, el experimentează dragostea şi harul lui Dumnezeu. Acest lucru îl transformă.

Ei bine, indiferent dacă crezi acest lucru sau nu, noi ne simţim oarecum ameninţaţi de un Dumnezeu atât de liber, pentru că aceasta ne privează de orice capacitate pe care o dorim de a controla sau manipula procesul. Asta ne lasă fără de putere şi schimbă limbajul, dintr-unul al performanţelor sau realizărilor într-unul al supunerii, încrederii şi vulnerabilităţii... Aceasta e aşa-numita „sălbăticie" a lui Dumnezeu. Noi nu-L putem controla pe Dumnezeu prin nici un mijloc, nici măcar prin comportamentul nostru bun, lucru ce tinde să fie instinctul nostru primar, natural... Acea libertate totală şi absolută a lui Dumnezeu e folosită, din fericire, în întregime în favoarea noastră, chiar dacă nouă ne e încă teamă de ea. Ea se numeşte providenţă, iertare, alegere liberă sau îndurare... Noi însă o simţim ca pe o sălbăticie, şi anume din cauză că nu o putem controla, manipula, direcţiona, câştiga sau pierde. Oricine are dorinţa de a-L controla pe Dumnezeu prin acţiunile sale se va simţi foarte nefolositor, neputincios şi ineficient.

-Richard Rohr[42]

Întrebări pentru meditaţie

Ce cuvinte sau expresii din citatul aparţinând lui Richard Rohr îţi vorbesc cel mai mult? De ce?

Rugăciune

Tată, când citesc chiar şi un scurt fragment din relatarea despre Iov sunt copleşit de „sălbăticia" Ta. Căile Tale şi momentul pe care îl alegi pentru a lucra sunt mai presus de înţelegerea mea. Iov a trecut de la unul care doar a auzit vorbindu-se despre Tine, la unul care Te-a văzut. Doamne, condu-mă şi pe mine pe un făgaş care să-mi dea posibilitatea de a mă ruga şi eu precum Iov: „Urechea mea auzise

vorbindu-se de Tine, dar acum ochiul meu Te-a văzut." (Iov. 42:5).
Mă rog în numele lui Isus, amin.

Încheie cu un timp de tăcere (2 minute)

ZIUA 4: OFICIUL DE DIMINEAȚĂ/AMIAZĂ

Tăcere, liniște și focalizare în prezența lui Dumnezeu (2 minute)

Pasaj din Scriptură: Psalmii 69:1-3, 15-16

Scapă-mă, Dumnezeule,
căci îmi amenință apele viața.
Mă afund în noroi
și nu mă pot ține;
am căzut în prăpastie,
și dau apele peste mine.
Nu mai pot strigând,
mi se usucă gâtlejul,
mi se topesc ochii
privind spre Dumnezeul meu.
Să nu mai dea valurile peste mine,
să nu mă înghită adâncul
și să nu se închidă groapa peste mine!
Ascultă-mă, Doamne, căci bunătatea ta este nemărginită.
În îndurarea Ta cea mare, întoarce-Ți privirile spre mine.

Devoțiune

Biblia îl prezintă pe David ca pe un om după inima lui Dumnezeu.. Totuși, pasajul din Scriptură de mai sus ne arată că universul emoțional al lui David era foarte uman și frânt. În aceste poezii triste, el dă pe față ce are în sufletul lui, exprimându-se sub forma unor rugăciuni adresate lui Dumnezeu. Chiar dacă David se luptă deseori cu împrejurările în care se află, el afirmă că Dumnezeu e bun, și că dragostea Lui ține pe vecie. David știe că, în ceea cel Îl privește pe Dumnezeu, căile Lui sunt mai înalte și mai profunde decât căile noastre (Isaia 55:9-10).

În Paradise Lost (Paradisul Pierdut), John Milton compară răul din istoria omenirii cu o grămadă de gunoi menajer – o amestecătură de substanțe în curs de putrefacție cum ar fi excremente animale, coji de cartofi, coji de ouă, frunze moarte și coji de banană. Dacă acoperi gunoiul acela cu pământ, după un timp el capătă un miros minunat.

Solul a devenit un fertilizator bogat, natural care e foarte potrivit pentru creşterea de fructe şi legume – însă trebuie să fii dispus să aştepţi, în unele cazuri ani de zile.

Ideea sugerată de Milton e că evenimentele cele mai groaznice din istoria omenirii – cele pe care nu le putem înţelege – chiar iadul însuşi – sunt un fertilizator în planul veşnic al lui Dumnezeu. Din cel mai mare rău, cum a fost moartea lui Isus, a rezultat binele cel mai mare.

Faptul că Dumnezeu există nu micşorează monstruozitatea răului din lume; totuşi, noi putem să ne odihnim în El, punându-ne nădejdea într-un Dumnezeu care e atât de mare şi de suveran încât El transformă, în cele din urmă, tot răul în bine.[43]

Noi ne putem încrede în Dumnezeu când Zidul ne stă în faţă.

Întrebare pentru meditaţie

În ce mod te cheamă Dumnezeu să stai în aşteptarea Lui în prezent?

Rugăciune

Doamne, umple-mă cu încrederea simplă în faptul că, chiar din răul cel mai groaznic din jurul meu, Tu poţi aduce un mare bine – pentru mine, pentru alţii, şi pentru gloria Ta. Mă rog în numele lui Isus, amin.

Încheie cu un timp de tăcere (2 minute)

ZIUA 4: OFICIUL DE AMIAZĂ/SEARĂ

Tăcere, linişte şi focalizare în prezenţa lui Dumnezeu (2 minute)

Pasaj din Scriptură: Ioan 21:17-19

A treia oară i-a zis Isus: „Simone, fiul lui Iona, Mă iubeşti?"
Petru s-a întristat că-i zisese a treia oară: „Mă iubeşti?" şi I-a răspuns: „Doamne, Tu toate le ştii; ştii că Te iubesc."
Isus i-a zis: „Paşte oile Mele! Adevărat, adevărat îţi spun că atunci când erai mai tânăr, singur te încingeai şi te duceai unde voiai; dar când vei îmbătrâni, îţi vei întinde mâinile şi altul te va încinge şi te va duce unde nu vei voi." A zis lucrul acesta ca să arate cu ce fel de

moarte va proslăvi Petru pe Dumnezeu. Și, după ce a vorbit astfel, i-a zis: „Vino după Mine."

Devoțiune

Isus a avut o perspectivă diferită asupra maturității: ea constă în capacitatea și dispoziția de a fi dus acolo unde nu ai vrea să mergi. Imediat după ce Isus Îi dă lui Petru însărcinarea de a fi conducătorul oilor Sale, Isus îl confruntă pe Petru cu adevărul dur al faptului că liderul-slujitor e acel lider care e dus în locuri necunoscute, nedorite și dureroase. Henri Nowen a exprimat acest lucru într-un mod adecvat:

> Calea liderului creștin nu e calea ascensiunii pe scara socială, în care lumea noastră a investit atât de mult, ci cea a coborârii pe scara socială, sfârșind la cruce... Neputința și umilința în viața spirituală nu se referă la oameni care sunt lipsiți de coloană vertebrală și care le permit tuturor să ia decizii în locul lor. Ele se referă la oameni care sunt atât de îndrăgostiți de Isus, încât sunt gata să-L urmeze oriunde El îi călăuzește, având încredere întotdeauna că, cu El, ei vor găsi viață și o vor găsi din belșug.[44]

Întrebare pentru meditație

În cuvintele tale, vorbește-i lui Dumnezeu despre entuziasmul tău de a merge acolo unde El te călăuzește. Care sunt bucuriile sau temerile care însoțesc acest entuziasm?

Rugăciune

Tată, recunosc înaintea ta că nu am dorința de a merge pe calea neputinței și umilinței. Asemenea lui Petru, doresc să știu ce faci cu cei din jurul meu. Ajută-mă să mă încred în Tine pentru ziua de astăzi, ziua de mâine și pentru toată viața mea. Mă rog în numele lui Isus, amin.

Încheie cu un timp de tăcere (2 minute)

ZIUA 5: OFICIUL DE AMIAZĂ/SEARĂ

Tăcere, liniște și focalizare în prezența lui Dumnezeu (2 minute)

Pasaj din Scriptură: Iacov 1:2-5

Frații mei, să priviți ca o mare bucurie când treceți prin felurite încercări, ca unii care știți că încercarea credinței voastre lucrează răbdare. Dar răbdarea trebuie să-și facă desăvârșit lucrarea, ca să fiți desăvârșiți, întregi și să nu duceți lipsă de nimic. Dacă vreunuia dintre voi îi lipsește înțelepciunea, s-o ceară de la Dumnezeu, care dă tuturor cu mână largă și fără mustrare, și ea îi va fi dată.

Devoțiune

Dacă în viețile noastre nu ar fi nici o furtună și nici un nor, nu am avea credință. „Domnul umblă în furtună și în vârtej, și norii sunt praful picioarelor Lui." (Naum 1:3b). Norii sunt un semn al prezenței lui Dumnezeu. Ce revelație e să știm că tristețea, doliul și suferința sunt de fapt norii care vin împreună cu Dumnezeu!

Nu e corect să spunem că Dumnezeu, în necazurile noastre, vrea să ne învețe ceva. Prin fiecare nor pe care El îl aduce în calea noastră, El vrea ca noi să ne dezvățăm de ceva. Scopul pentru care El folosește norul este de a simplifica credința noastră, până când relația noastră cu El e exact ca cea a unui copil – o relație pur și simplu între Dumnezeu și sufletele noastre, în care ceilalți oameni sunt doar umbre. Până când ceilalți oameni nu devin niște umbre pentru noi, norii și întunericul ne vor întâmpina din când în când. Devine relația noastră cu Dumnezeu mai simplă decât a fost vreodată?... Până când nu ne confruntăm cu realitățile cele mai profunde și mai întunecate ale vieții, fără ca perspectiva noastră asupra caracterului lui Dumnezeu să se schimbe, noi încă nu-L cunoaștem.

-Oswald Chambers[45]

Întrebare pentru meditație

Care e un lucru de care Dumnezeu vrea astăzi să te dezveți?

Spiritualitatea emoţională zilnică

Rugăciune

Tată, mărturisesc că atunci când dificultăţile şi încercările vin în viaţa mea, fie că sunt mari sau mici, eu cârtesc şi mă plâng. Îmi dau seama că încercările despre care vorbeşte Iacov nu sunt numaidecât „ziduri", totuşi e greu de trecut prin ele. Doamne, umple-mă cu o astfel de viziune a unei vieţi transformate, încât să pot chjiar să consider o „mare bucurie" încercările pe care Tu mi le aduci în cale. Doamne, ajută necredinţei mele. Mă rog în numele lui Isus, amin.

ZIUA 5: OFICIUL DE AMIAZĂ/SEARĂ

Tăcere, linişte şi focalizare în prezenţa lui Dumnezeu (2 minute)

Pasaj din Scriptură: Matei 26:50b-53

Atunci oamenii aceia s-au apropiat, au pus mâinile pe Isus şi L-au prins. Şi unul din cei ce erau cu Isus a întins mâna, a lovit pe robul marelui preot şi i-a tăiat urechea. Atunci Isus i-a zis: „Pune-ţi sabia la locul ei; căci toţi cei ce scot sabia de sabie vor pieri. Crezi că n-aş putea să rog pe Tatăl Meu, care Mi-ar pune îndată la îndemână mai mult de douăsprezece legiuni de îngeri?"

Devoţiune

Zidurile sunt uneori un mod de a spune nu. Evanghelia lui Ioan ne spune că apostolul Petru a fost cel care a scos sabia pentru a-L apăra pe Isus cu forţa. Lui Petru i-a venit foarte greu să accepte faptul că Isus i-a refuzat propunerea pentru o viaţă şi un viitor în care să nu aibă loc răstignirea. Observă, pe de altă parte, acceptarea de către David a refuzului lui Dumnezeu faţă de planul Lui de a construi Templul (2 Samuel 7). În plus, citim despre supunerea lui Isus faţă de refuzul Tatălui de a îndepărta de la El paharul crucii (Matei 26:37-44).

Poţi folosi următoarea rugăciune, rostită de un soldat al Confederaţiei, care te poate ajuta să îmbrăţişezi răspunsul dat de Dumnezeu în călătoria ta, fie că e afirmativ sau negativ:

I-am cerut lui Dumnezeu putere să am realizări,
Şi am fost făcut slab, pentru a învăţa să ascult.
I-am cerut sănătate pentru a face lucruri mari,

Am primit slăbiciuni, pentru a face lucruri mai bune.
I-am cerut bogății pentru a fi fericit;
Mi s-a dat sărăcie, ca să fiu înțelept.
I-am cerut putere, când eram tânăr, pentru a avea
lauda oamenilor;
Am primit slăbiciune, ca să pot simți nevoia după Dumnezeu.
Am cerut toate lucrurile, ca să mă pot bucura de viață;
Am primit viață, ca să mă pot bucura de toate lucrurile.
Aproape în ciuda a ceea ce sunt, rugăciunile mele nerostite au fost
ascultate.
Sunt, printre toți oamenii, binecuvântat din belșug.

Întrebare pentru meditație

Care cuvinte îți vorbesc cel mai mult, din rugăciunea de mai sus? De
ce?

Rugăciune

*Doamne, eu mă identific cu natura încăpățânată a lui Petru și cu
lupta lui de a înțelege ceea ce Tu i-ai spus. E greu pentru mine să
înțeleg modul în care tu guvernezi universul și locul pe care eu îl am
în el. Doamne, transformă-mi voința mea încăpățânată. Învață-mă
să Te aștept. Ajută-mă să mă încred în Tine. Mă rog în numele lui
Isus, amin.*

Încheie cu un timp de tăcere (2 minute)

Mărește-ți sufletul prin jelire și pierdere

5

Săptămâna a Cincea

Săptămâna 5

ZIUA 1: OFICIUL DE DIMINEAȚĂ/AMIAZĂ

Tăcere, liniște și focalizare în prezența lui Dumnezeu (2 minute)

Pasaj din Scriptură: Matei 26:36-39

Atunci Isus a venit cu ei într-un loc îngrădit, numit Ghetsimani, și a zis ucenicilor: „Ședeți aici până Mă voi duce acolo să Mă rog." A luat cu El pe Petru și pe cei doi fii ai lui Zebedei și a început Să se întristeze și să Se mâhnească foarte tare. Isus le-a zis atunci: „Sufletul meu este cuprins de o întristare de moarte; rămâneți aici și vegheați împreună cu Mine." Apoi a mers puțin mai înainte, a căzut cu fața la pământ și S-a rugat, zicând: „Tată, dacă este cu putință, depărtează de la Mine paharul acesta! Totuși nu cum voiesc Eu, ci cum voiești Tu."

Devoțiune

În grădina Ghetsimani Îl vedem pe Isus mâhnit și copleșit de o întristare de moarte. Îl vedem căzând cu fața la pământ și rugându-se de trei ori. De asemenea, Îl vedem pe Tatăl refuzând cererea lui Isus ca paharul să fie luat de la el.

Noi dorim să Îl urmăm pe Isus în viața abundentă a învierii, însă suntem mai puțin entuziasmați de a-L urma în grădina Ghetsimani.

Cartea *Lament for a Son* (Plângere pentru un fiu) de Nicholas Wolterstoff consemnează reflecțiile și chinurile sufletești ale autorului ca urmare a morții fiului lui de douăzeci și cinci de ani, Eric, într-un accident de alpinism în Austria. Wolterstoff nu are nici o explicație și nici un răspuns cu privire la motivul pentru care Dumnezeu a permis o astfel de tragedie. Oare este cineva care să aibă un motiv pentru așa ceva? Totuși, la un moment dat, el face o descoperire profundă:

Prin prisma lacrimilor mele am văzut un Dumnezeu suferind. Se spune despre Dumnezeu că nimeni nu poate să vadă fața Lui și să trăiască. Eu am crezut întotdeauna că asta înseamnă că nimeni nu poate să vadă splendoarea Lui și să trăiască. Un prieten de-al meu a spus că probabil asta înseamnă că nimeni nu-I poate vedea tristețea și să trăiască. Sau poate că tristețea e splendoarea Lui.[46]

Spiritualitatea emoțională zilnică

Întrebare pentru meditație

Ce înseamnă pentru tine a te ruga: „Totuși nu cum voiesc Eu, ci cum voiești Tu."?

Rugăciune

Doamne, tot ceea ce e în mine se împotrivește să Te urmeze în grădina Ghetsimani și să cadă la pământ înaintea Ta. Dă-mi curajul să Te urmez până la cruce, orice ar însemna acest lucru pentru viața mea. Apoi, prin harul Tău, condu-mă la viața de înviere și de putere. Mă rog în numele lui Isus, amin.

Încheie cu un timp de rugăciune (2 minute)

ZIUA 1: OFICIUL DE AMIAZĂ/SEARĂ

Tăcere, liniște și focalizare în prezența lui Dumnezeu (2 minute)

Pasaj din Scriptură: Iov 2:7-10

Și Satana a plecat dinaintea Domnului: Apoi a lovit pe Iov cu o bubă rea, din talpa piciorului până în creștetul capului. Și Iov a luat un ciob ca să se scarpine și a șezut pe cenușă.
Nevastă-sa i-a zis: „Tu rămâi neclintit în neprihănirea ta! Blestemă pe Dumnezeu, și mori!"
Dar Iov i-a răspuns: „Vorbești ca o femeie nebună. Ce! primim de la Dumnezeu binele, și să nu primim și răul? În toate acestea, Iov n-a păcătuit deloc cu buzele lui.

Devoțiune

Jonathan Edwards, în renumita lui predică asupra cărții lui Iov, a observat că istoria lui Iov e istoria noastră, a tuturor. Iov a pierdut tot ce avea într-o singură zi: familia, bogăția și sănătatea. Cei mai mulți dintre noi pierdem anumite lucruri mai încet – în decursul unei vieți întregi – până când ne aflăm în fața ușii morții, și lăsăm toate lucrurile în urma noastră.[47]

O pierdere catastrofică, prin definiție, face recuperarea imposibilă. Aceasta, fie ne va transforma, fie ne va distruge, însă nu ne va lăsa niciodată la fel cum am fost înainte. Nu mai există nici o cale de întoarcere la trecut...

Ca urmare, nu e adevărat că, în urma unei pierderi, noi vom fi mai puțin decât am fost înainte – dacă nu permitem acelei pierderi să ne facă mai puțin, măcinându-ne sufletul până când nu mai rămâne nimic... Pierderea poate, de asemenea, să ne facă să fim mai mult...

Eu *nu am trecut peste* pierderea celor pe care i-am iubit din viața mea, ci, dimpotrivă, am absorbit pierderea în viața mea, până când a devenit o parte din ceea ce sunt eu. Mâhnirea a căpătat o rezidență permanentă în sufletul meu și l-a lărgit... Omul învață suferința altora trecând printr-o suferință proprie, întorcându-se spre interiorul său, găsindu-și propriul suflet... Oricât de dureroasă, mâhnirea e bună pentru suflet... Sufletul e elastic, ca un balon. El se poate lărgi prin suferință.[48]

-Jerry Sittser

Întrebare pentru meditație

În ce mod poți vedea că Dumnezeu îți lărgește sufletul prin pierderile pe care le-ai suferit?

Rugăciune

Doamne Isuse, când mă gândesc la pierderile pe care le-am suferit, asta mă face să mă simt ca și cum sunt lipsit de pielea care mă protejează. Mă simt într-o stare brută, ros până la os. Nu știu de ce ai îngăduit o astfel de durere. E de ajutor să privesc la Iosif, însă trebuie să recunosc că îmi vine greu să văd „un lucru nou născându-se dintr-un lucru vechi." Lărgește-mi sufletul prin încercările și pierderile vieții. Mă rog în numele lui Isus, amin.

Încheie cu un timp de tăcere (2 minute)

ZIUA 2: OFICIUL DE DIMINEAȚĂ/AMIAZĂ

Tăcere, liniște și focalizare în prezența lui Dumnezeu (2 minute)

Pasaj din Scriptură: 2 Corinteni 4:7-11

Comoara aceasta o purtăm în niște vase de lut, pentru ca această putere nemaipomenită să fie de la Dumnezeu, și nu de la noi. Suntem

Spiritualitatea emoțională zilnică

> încolțiți în toate chipurile, dar nu la strâmtorare; în grea cumpănă, dar nu deznădăjduiți; prigoniți, dar nu părăsiți; trântiți jos, dar nu omorâți. Purtăm întotdeauna cu noi, în trupul nostru, omorârea Domnului Isus, pentru ca și viața lui Isus să se arate în trupul nostru. Căci noi, cei vii, totdeauna suntem dați la moarte din pricina lui Isus, pentru ca și viața lui Isus să se arate în trupul nostru muritor.

Devoțiune

Joni Eareckson Tada este paralizată de la gât în jos se peste treizeci de ani. Ca urmare a acestui lucru, ea a experimentat atât moartea lui Isus cât și viața Lui. Iată ce spune ea:

> Crucea e centrul relației noastre cu Isus. Crucea e locul unde murim. Noi mergem acolo zilnic. Nu e ușor.
>
> În mod normal, noi suntem dispuși să-L urmăm pe Hristos oriunde – la o petrecere, unde El a schimbat apa în vin, la o plajă scăldată în soare unde el predică dintr-o barcă. Însă la cruce? Ne înfigem adânc picioarele în pământ. Invitația e înspăimântător de personală. E o invitație de a merge singuri.
>
> Suferința ne reduce la nimic. Soren Kierkegaard a remarcat: „Dumnezeu creează totul din nimic. Iar tot ceea ce Dumnezeu folosește, El reduce mai întâi la nimic." A fi redus la nimic înseamnă a fi târât la picioarele crucii. E o îndurerare severă. Când suferința ne silește să venim pe genunchi la poala Calvarului, noi murim față de noi înșine. Nu putem îngenunchea acolo mult timp fără a ne debarasa de mândrie și mânie, și fără lăsa din mână visurile și dorințele noastre... În schimb, Dumnezeu ne împărtășește puterea sa și pune în noi o nădejde nouă, durabilă.[49]

Întrebare pentru meditație

Cum te aduce Dumnezeu pe genunchi înaintea Lui prin dificultățile și eșecurile pe care le ai în viață?

Rugăciune

Doamne, toată ființa mea se împotrivește mersului la cruce, unde tu vei elimina tot ceea ce nu e din Tine. Ajută-mă să nu mă tem de „morțile" prin care trebuie să trec pentru a fi transformat într-o persoană liberă, care Te iubește pe Tine și pe cei din jur într-un mod adecvat. Ai milă de mine, Doamne. Mă rog în numele lui Isus, amin.

Încheie cu un timp de tăcere (2 minute)

ZIUA 2: OFICIUL DE AMIAZĂ/SEARĂ

Tăcere, liniște și focalizare în prezența lui Dumnezeu (2 minute)

Pasaj din Scriptură: Psalmii 22:1-5

Dumnezeule! Dumnezeule! Pentru ce m-ai părăsit
și pentru ce Te depărtezi fără să-mi ajuți
și fără s-asculți plângerile mele?
Strig, Dumnezeule, și nu-mi răspunzi:
strig și noaptea, și tot n-am odihnă.
Totuși Tu ești Cel Sfânt
și Tu locuiești în mijlocul laudelor lui Israel.
În Tine se încredeau părinții noștri:
se încredeau, și-i izbăveai.
Strigau către Tine, și erau scăpați;
se încredeau în Tine, și nu rămâneau de rușine.

Devoțiune

În anii 1870 Horatio Spafford era un avocat de succes în Chicago, și un prieten apropiat al evanghelistului Dwight L. Moody. Spafford investise mult în imobiliare, însă focul care a avut loc în Chicago în 1871 l-a făcut să-și piardă posesiunile. Fiul lui murise cu puțin timp înainte de dezastru. Spafford și familia lui aveau nevoie disperată de odihnă, de aceea el a planificat, în 1873, o călătorie în Europa cu soția lui, Anna, și cu cele patru fiice pe care le avea. Totuși, chiar înainte ca ei să plece cu vaporul, o chestiune de afaceri de ultimă oră l-a silit pe Horatio să se întoarcă la lucru. Din dorința de a nu ruina vacanța familiei lui, Spafford și-a convins familia să plece așa cum ei își planificaseră, iar el intenționa să-i prindă din urmă mai târziu.

El s-a întors la Chicago, iar Anna și cele patru fiice au plecat spre Europa. Din nefericire, vasul pe care se aflau ele s-a lovit de un vas englez și s-a scufundat în doar douăzeci de minute. Accidentul a luat viața la 226 de oameni. Anna Spafford stătuse pe punte, cu curaj, cu fiicele ei (Annie, Maggie, Bessie şi Tanetta) care se agăţau cu disperare de ea. Ultima amintire a dezastrului a fost cea a copilaşului ei, care i-a fost smuls cu violenţă din braţe de forţa apelor. După doar nouă zile, Spafford a primit o telegramă de la soţia lui, care era în Wales. Aceasta spunea: „Doar eu am fost salvată." De îndată s-a îmbarcat pe un vas pentru a-şi întâlni soţia aflată în doliu. Când Horatio Spafford a trecut prin apropierea locului unde cele patru fiice ale lui se scufundaseră în adâncul oceanului, acolo, în mijlocul tristeţii, el a scris: „Este pace în sufletul meu. (It is well with my soul)" Cuvintele imnului lui Stafford au adus mângâiere multor oameni în suferinţă:

> Când val de durere mă poartă spre cer
> Oricât mi-ar fi pasul de greu,
> Isus îmi şopteşte că-n El pot să sper,
> Este bine cu sufletul meu!
> Deşi încercări încă multe-or veni
> Şi-n beznă mă trage cel rău,
> Eu ştiu că voi fi cu Isus într-o zi,
> Este bine cu sufletul meu![50]

Întrebare pentru meditaţie

Care e pentru tine cel mai emoţionant lucru din relaţia lui Spafford cu Hristos?

Rugăciune

Tată, în faţa unei pierderi şi suferinţe atât de inimaginabile, nu pot face altceva decât să mă plec înaintea Ta. Mă alătur lui Spafford şi mă rog: „Oricât mi-ar fi pasul de greu, Isus îmi şopteşte că-n El pot să sper, Este bine cu sufletul meu!" Mă rog în numele Fiului Tău, amin.

Încheie cu un timp de tăcere (2 minute)

ZIUA 3: OFICIUL DE DIMINEAȚĂ/AMIAZĂ

Tăcere, liniște și focalizare în prezența lui Dumnezeu (2 minute)

Pasaj din Scriptură: Eclesiastul 3:1-8

Toate își au vremea lor,
și fiecare lucru de sub ceruri își are ceasul lui.
Nașterea își are vremea ei, și moartea își are vremea ei;
săditul își are vremea lui, și smulgerea celor sădite își are vremea ei.
Uciderea își are vremea ei, și tămăduirea își are vremea ei;
dărâmarea își are vremea ei, și zidirea își are vremea ei;
plânsul își are vremea lui, și râsul își are vremea lui;
bocitul își are vremea lui, și jucatul își are vremea lui;
aruncarea cu pietre își are vremea ei, și strângerea pietrelor își are vremea ei;
îmbrățișarea își are vremea ei, și depărtarea de îmbrățișări își are vremea ei;
căutarea își are vremea ei, și pierderea își are vremea ei;
păstrarea își are vremea ei, și lepădarea își are vremea ei;
ruptul își are vremea lui, și cusutul își are vremea lui;
tăcerea își are vremea ei, și vorbirea își are vremea ei;
iubitul își are vremea lui, și urâtul își are vremea lui;
războiul își are vremea lui, și pacea își are vremea ei.

Devoțiune

Noi nu controlăm anotimpurile; ele pur și simplu se succed. Iarna, primăvara, vara și toamna vin în viețile noastre, fie că ne place sau nu. Ritmurile lor ne învață despre viețile noastre spirituale și despre căile lui Dumnezeu. Meditează la următoarea descriere a paradoxului morții și renașterii din natură și din viețile noastre:

Toamna e un anotimp de mare frumusețe, însă e și un anotimp al declinului: zilele se scurtează, lumina devine difuză, iar abundența din timpul verii scade tot mai mult, ajungând la moartea iernii... În experiența pe care o am în ceea ce privește toamna, rareori sunt conștient că în acest timp se plantează semințe... Totuși, pe măsură ce explorez paradoxul toamnei, în care moartea și însămânțarea au loc în același timp, simt puterea metaforei. În evenimentele ce se aseamănă toamnei pe care le-am trăit, atenția mea e reținută ușor de aparențele de suprafață – declinul semnificației, deteriorarea relațiilor, moartea unei lucrări. Însă dacă privesc mai atent, aș putea să văd o multitudine de posibilități care sunt plantate în această vreme, pentru a aduce roadă într-un anotimp din viitor. În retrospectivă, pot vedea în viața mea ceea ce nu am putut să văd în acel anotimp – cum serviciul pe care l-am pierdut m-a ajutat să găsesc activități pe care trebuia să le fac, cum semnul de „drum blocat" m-a întors spre un teren pe care trebuia să călătoresc, cum pierderile care păreau fără putință de a fi recuperate m-au silit să discern semnificații pe care aveam nevoie să le cunosc. La suprafață, se părea că viața se împuțina, însă, în tot acest timp, semințele vieții erau semănate, în tăcere și din abundență.

-Parker Palmer[51]

Întrebare pentru meditație

Ce semn de genul indicatorului de „drum blocat" se află astăzi în fața ta? Oare nu este acesta modul lui Dumnezeu de a te redirecționa spre ceva nou?

Rugăciune

Doamne, dă-mi înțelepciunea și prudența de a vedea imaginea de ansamblu, de a aștepta și de a discerne anotimpurile din viața mea cu Tine. Iartă-mă pentru că m-am luptat cu „morțile" pe care Tu le-ai trimis în viața mea pentru a planta lucruri noi. Mă rog în numele lui Isus, amin.

Încheie cu un timp de tăcere (2 minute)

ZIUA 3: OFICIUL DE AMIAZĂ/SEARĂ

Tăcere, liniște și focalizare în prezența lui Dumnezeu (2 minute)

Pasaj din Scriptură: Ioan 3:26-30

Au venit deci la Ioan și i-au zis: „Învățătorule, Cel ce era cu tine dincolo de Iordan și despre care ai mărturisit tu, iată că botează, și toți oamenii se duc la El."
Drept răspuns, Ioan i-a zis: „Omul nu poate primi decât ce-i este dat din cer. Voi înșivă îmi sunteți martori că am zis: „Nu sunt eu Hristosul, ci sunt trimis înaintea Lui." Cine are mireasă este mire; dar

prietenul mirelui, care stă şi-l ascultă, se bucură foarte mult când aude glasul mirelui; şi această bucurie, care este a mea, este deplină. Trebuie ca El să crească, iar eu să mă micşorez."

Devoţiune

Trăirea unei pierderi ne determină să ne confruntăm cu umanitatea şi cu limitele noastre. Noi ne dăm seama rapid că nu noi suntem cei care deţinem controlul asupra vieţilor noastre, ci Dumnezeu. Noi suntem nişte simple făpturi, iar Dumnezeu e Creatorul.

Gândeşte-te la exemplul lui Ioan Botezătorul. Imediat după ce Isus şi-a început slujirea, mulţimile care îl urmaseră pe Ioan şi fuseseră botezate de el şi-au redirecţionat loialitatea. Ele au început să-l părăsească pe Ioan, pentru a-L urma pe Isus. Unii dintre urmaşii lui Ioan au fost supăraţi din cauza faptului că evenimentele au luat o astfel de turnură. Ei i s-au plâns: „Toţi oamenii se duc la El." (Ioan 3:26)

Ioan şi-a înţeles limitările, şi a răspuns: „Omul nu poate primi decât ce-i este dat din cer" (Ioan 3:27). El a reuşit să-şi accepte limitele, umanitatea şi popularitatea lui în declin, şi să spună: „Trebuie ca El să crească, iar eu să mă micşorez." (Ioan 3:30).

Dacă vrem să devenim maturi din punct de vedere spiritual, trebuie să ne dăm jos de pe tronurile pe care stăm şi să ne alăturăm restului omenirii. Noi nu suntem în centrul universului. Universul nu se învârte în jurul nostru.

Totuşi, o parte din noi urăşte limitele. Noi nu dorim să le acceptăm. Acesta este unul dintre principalele motive pentru care plângerea pierderilor pe care le suferim într-un mod biblic e o parte atât de indispensabilă a maturităţii spirituale.

Nimic nu ne umileşte mai mult decât îmbrăţişarea limitărilor noastre.[52]

Întrebare pentru meditaţie

Numeşte o limitare sau două pe care Dumnezeu le-a adus recent în viaţa ta, ca pe un dar.

Rugăciune

Doamne, iartă-mă pentru aroganţa care mă face să consider întreruperile planurilor mele ca pe nişte invazii străine. Iartă-mă

Spiritualitatea emoțională zilnică

pentru faptul că încerc mereu să fac cu viața mea mai mult decât vrei Tu. Ajută-mă să fiu ca Ioan Botezătorul, să accept pierderile și să-mi respect limitele. Mă rog în numele lui Isus, amin.

Încheie cu un timp de tăcere (2 minute)

ZIUA 4: OFICIUL DE DIMINEAȚĂ/AMIAZĂ

Tăcere, liniște și focalizare în prezența lui Dumnezeu (2 minute)

Pasaj din Scriptură: 2 Samuel 1:17-20, 24-25

Iată cântarea de jale pe care a alcătuit-o David pentru Saul și fiul său Ionatan pe care a poruncit s-o învețe copiii lui Iuda. Este numită cântarea arcului și se află scrisă în cartea Dreptului:
Fala ta, Israele, zace ucisă pe dealurile tale!
　　Cum au căzut vitejii!
Nu spuneți lucrul acesta în Gat,
　　nu răspândiți vestea aceasta în ulițele Ascalonului,
ca să nu se bucure fetele filistenilor,
　　ca să nu se laude fetele celor netăiați împrejur.
Fiicele lui Israel!
　　Plângeți pe Saul,
care vă îmbrăca în stacojiu și alte podoabe,
　　care vă punea găteli de aur pe hainele voastre!
„Cum au căzut vitejii în mijlocul luptei!
　　Cum a murit Ionatan pe dealurile tale!"

Devoțiune

David nu numai că a cântat această plângere, însă el a și poruncit oamenilor s-o învețe, s-o memoreze și să o integreze în experiența lor.

Durerea nu e lucrul cel mai rău. Ura nu e lucrul cel mai rău. A fi despărțit de cel pe care îl iubești nu e lucrul cel mai rău. Moartea nu e lucrul cel mai rău. Lucrul cel mai rău e să nu reușești să te ocupi de realitate, deconectându-te astfel de ceea ce e real. Lucrul cel mai rău e să trivializezi lucrurile onorabile, să desacralizezi ceea ce e sacru. Modul în care eu mă ocup de plângerea pierderilor mele afectează modul în care tu te ocupi de plângerea pierderilor tale; împreună noi formăm o comunitate care are de a face cu moartea şi cu alte pierderi în contextul suveranităţii lui Dumnezeu, care e exprimată, în final, în înviere.

... Noi nu devenim nişte fiinţe umane mature datorită norocului sau ocolind pierderile într-un mod inteligent; cu siguranţă nu ne maturizăm evitând pierderile sau distrăgându-ne atenţia de la ele. Învaţă să plângi. Învaţă această plângere. La urma urmei, noi suntem muritori. Noi, şi toţi cei din jurul nostru, suntem programaţi pentru moarte (mortis). Obişnuieşte-te cu lucrul acesta. Ia-ţi crucea. Ea ne pregăteşte pe noi şi pe cei din jurul nostru pentru înviere.

-Eugene Peterson[53]

Întrebare pentru meditaţie

Ce ar însemna pentru tine să te maturizezi, intrând în realitatea dureroasă a pierderilor tale, în loc de a le evita?

Rugăciune

Doamne, eu am petrecut o mare parte din viaţă fugind de durere şi de pierderi, luând medicamente pentru durerea mea şi trecând rapid la următorul proiect – la următoarea solicitare urgentă. Îţi cer harul de a îmbrăţişa viaţa în totalitatea ei – cu bucurii şi tristeţi, cu morţi şi naşteri, cu ceea ce e vechi şi cu ceea ce e nou. Mă rog în numele lui Isus, amin.

Încheie cu un timp de tăcere (2 minute)

ZIUA 4: OFICIUL DE AMIAZĂ/SEARĂ

Tăcere, linişte şi focalizare în prezenţa lui Dumnezeu (2 minute)

Pasaj din Scriptură: Luca 19:41-44

Când s-a apropiat de cetate şi a văzut-o, Isus a plâns pentru ea şi a zis: „Dacă ai fi cunoscut şi tu, măcar în această zi, lucrurile care puteau să-ţi dea pacea! Dar acum, ele sunt ascunse de ochii tăi. Vor veni peste tine zile, când vrăjmaşii tăi te vor înconjura cu şanţuri, te vor împresura şi te vor strânge din toate părţile; te vor face una cu pământul, pe tine şi pe copiii tăi din mijlocul tău; şi nu vor lăsa în tine piatră pe piatră, pentru că n-ai cunoscut vremea când ai fost cercetată."

Devoțiune

Cuvântul grecesc folosit pentru a-L descrie pe Isus plângând soarta Ierusalimului e un cuvânt ce se referă la o persoană care jelește sau suspină. Imaginează-ți scena aceea!

Din nefericire, mulți dintre noi, spre deosebire de Domnul nostru, ne simțim vinovați când ne exprimăm sentimente în forme brute, cum ar fi sentimentele de tristețe sau mânie. Problema e că atunci când negăm an după an durerea, pierderile și sentimentele, ne transformăm încet în niște cochilii moarte, ce au pictate pe ele fețe zâmbitoare. Totuși, când începem să ne permitem să simțim o gamă mai largă de emoții (cum ar fi tristețea, deprimarea, teama și mânia), în relația noastră cu Dumnezeu are loc o schimbare profundă. Iată ce a scris Ken Gire:

> C.S. Lewis a spus că „noi trebuie să aducem înaintea lui Dumnezeu ceea ce este în noi, nu ceea ce ar trebui să fie în noi." Când acționăm luând în considerare ce „ar trebui" să fie în noi, asta ne va împiedica să spunem adevărul. Asta ne va împiedica, de asemenea, să simțim adevărul. Mai ales adevărul despre durerea noastră...
>
> Când Isus a văzut că se apropie moartea Lui, El S-a dus la un loc liniștit și S-a rugat... Ni se spune că El S-a rugat „cu strigăte mari și cu lacrimi" (Evrei 5:7). Ni se spune, de asemenea, că El a căzut la pământ, unde S-a rugat fierbinte și a transpirat extrem de intens (Luca 22:44).
>
> Ceea ce s-a întâmplat nu a fost ca într-o pictură renascentistă. Aici ne sunt înfățișate lucruri reale, modul în care ne rugăm atunci când pământul de sub picioarele noastre începe să se clatine. Ne rugăm oricum putem, cu orice fel de cuvinte putem. Ne rugăm transpirând și plângând. Ne rugăm împreună cu oricare prieteni îi putem găsi, care sunt dispuși să stea cu noi în întuneric.[54]

Întrebare pentru meditație

Cum s-ar schimba viața ta de rugăciune dacă ai aduce înaintea lui Dumnezeu ceea ce de fapt se află în tine, și nu ceea ce crezi că ar trebui să fie în tine?

Rugăciune

Ava Tată, recunosc că îmi este deseori teamă și mă rușinez să-Ți spun deschis tot ceea ce se întâmplă în interiorul meu – chiar dacă știu că Tu cunoști oricum aceste lucruri. Atunci când mă apropii de tronul harului, învață-mă ce înseamnă a avea îndrăzneală în rugăciune. Mă rog în numele lui Isus, amin.

Încheie cu un timp de tăcere (2 minute)

ZIUA 5: OFICIUL DE DIMINEAȚĂ/AMIAZĂ

Tăcere, liniște și focalizare în prezența lui Dumnezeu (2 minute)

Pasaj din Scriptură: Evrei 5:7-8

El este Acela care, în zilele vieții Sale pământești, aducând rugăciuni și cereri cu strigăte mari și cu lacrimi către Cel ce putea să-L izbăvească de la moarte, și fiind ascultat, din pricina evlaviei Lui, măcar că era Fiu, a învățat să asculte prin lucrurile pe care le-a suferit.

Devoțiune

Capacitatea de a plânge pierderile pe care le suferim aproape că a dispărut în cultura noastră. Oamenii folosesc munca, televizorul, drogurile, alcoolul, cumpărăturile, excesul de mâncare, preocuparea cu un șir neîntrerupt de activități, escapade sexuale, relații nesănătoase și chiar slujirea altora în biserică – orice – pentru a se anestezia și a nu simți durerile vieții. An după an, noi negăm și evităm dificultățile și pierderile vieții, respingerile și frustrările ei. Când o pierdere intră în viața noastră, noi devenim mânioși pe Dumnezeu și o tratăm ca pe o invazie extraterestră din spațiu.

Acest lucru e nebiblic, și constituie o negare a umanității noastre. Ia în considerare următoarele exemple: evreii din vechime, atunci când plângeau o pierdere, își sfâșiau hainele și foloseau saci și cenușă. Însuși Isus a făcut „rugăciuni și cereri cu strigăte mari și cu lacrimi." În timpul generației lui Noe, Dumnezeu s-a întristat de starea omenirii (Geneza 6). Ieremia a scris șase mărturisiri sau plângeri, în care el a protestat înaintea lui Dumnezeu împotriva împrejurărilor în care se afla. Apoi, după căderea Ierusalimului, el a scris o carte întreagă, cartea Plângerilor.

Spiritualitatea emoțională zilnică

Reacția pe care Dumnezeu o vrea de la noi, ca răspuns la pierderile pe care le suferim, nu e nici să le răstălmăcim și nici să le acoperim. Scriptura ne învață să ne ocupăm de pierderile și dezamăgirile noastre (mari și mici) și cu sentimentele confuze care le însoțesc cinstit, într-un spirit de rugăciune. De ce? Dacă dorim să ne schimbăm și să creștem, devenind niște bărbați și femei pe măsura chemării pe care ne-a făcut-o Dumnezeu, pierderile sunt indispensabile.[55]

Întrebare pentru meditație

În ce moduri ești tentat să dai un alt înțeles sau să acoperi pierderile pe care le suferi, pierzând din vedere lucrarea mai profundă a lui Dumnezeu din interiorul tău?

Rugăciune

Doamne, recunosc că prefer să ignor și să neg durerea și pierderile pe care le sufăr. Îmi este greu să înțeleg modul în care învierea vine din moarte. Dă-mi curajul de a fi atent la ceea ce faci Tu și să Te aștept pe Tine – chiar atunci când toată ființa mea vrea să fugă. Mă rog în numele lui Isus, amin.

Încheie cu un timp de tăcere (2 minute)

ZIUA 5: OFICIUL DE AMIAZĂ/SEARA

Tăcere, liniște și focalizare în prezența lui Dumnezeu (2 minute)

Pasaj din Scriptură: Iov 42:12-17

În cei din urmă ani ai săi, Iov a primit de la Domnul mai multe binecuvântări decât primise în cei dintâi. A avut paisprezece mii de oi, șase mii de cămile, o mie de perechi de boi și o mie de măgărițe. A avut șapte fii și trei fete; celei dintâi i-a pus numele Iemima, celei de-a doua Chetia și celei de-a treia Cheren-Hapuc. În toată țara nu erau femei așa de frumoase ca fetele lui Iov. Tatăl lor le-a dat o parte de moștenire printre frații lor.

Iov a mai trăit după aceea o sută patruzeci de ani și a văzut pe fiii săi și pe fiii fiilor săi până la al patrulea neam. Și Iov a murit bătrân și sătul de zile.

Devoţiune

Un mod adecvat de a plânge o pierdere presupune nu doar a merge înainte cu viaţa noastră, ci a o lăsa să ne şi binecuvânteze. Acesta este lucrul pe care l-a făcut Iov. Pentru Iov, viaţa lui cea veche se încheiase, fără nici o îndoială. Acea uşă rămânea închisă. În spatele ei se afla sursa marii mâhniri care izvorăşte din pierderile noastre. Există o finalitate. Nu putem primi înapoi ce am pierdut. Totuşi, dacă urmăm calea lui Iov, vom fi binecuvântaţi. Aceasta este una din lecţiile majore ale cărţii Iov. El a urmat calea dificilă ce a presupus a permite pierderilor pe care le suferise să-i lărgească sufletul pentru Dumnezeu, iar Dumnezeu l-a binecuvântat din abundenţă. Iov nu numai că a fost transformat spiritual, ci Dumnezeu l-a binecuvântat şi cu o nouă prosperitate. Bogăţia lui s-a dublat, Dumnezeu i-a dat din nou zece copii, iar el a trăit până la o vârstă înaintată.

Această relatare are menirea de a ne încuraja să ne încredem în Dumnezeul cel viu în ceea ce priveşte multele morţi în miniatură pe care le trăim în vieţile noastre. Mesajul central al lui Hristos e că suferinţa şi moartea aduc înviere şi transformare. Însuşi Isus a spus: „Adevărat, adevărat vă spun că dacă grăuntele de grâu care a căzut pe pământ nu moare, rămâne singur; dar dacă moare, aduce mult rod" (Ioan 12:24).

Nu uita, totuşi, că învierea vine doar după moarte – moartea adevărată. Pierderile noastre sunt reale, la fel ca Dumnezeul nostru – Dumnezeul cel viu.[56]

Întrebare pentru meditaţie

Cum vine Dumnezeu la tine prin morţile în miniatură pe care le experimentezi?

Rugăciune

Doamne, după pierderea pe care Iov a suferit-o, Tu i-ai dat belşug, l-ai binecuvântat dublu faţă de ceea ce avusese înainte, însă eu nu am trăit acelaşi lucru. Dă-mi răbdare. Ajută-mă să mă încred şi să Te aştept pe Tine să lucrezi, mai ales în acele domenii ale vieţii mele

Spiritualitatea emoțională zilnică

în care nu am nici o idee ce faci, nu știu când se va încheia necazul prin care trec, și nici direcția în care mă îndrepți. Mă rog în numele lui Isus, amin.

Încheie cu un timp de tăcere (2 minute)

Descoperă ritmurile Oficiului Zilnic și ale Sabatului

6

Săptămâna 6

ZIUA 1: OFICIUL DE DIMINEAȚĂ/AMIAZĂ

Tăcere, liniște și focalizare în prezența lui Dumnezeu (2 minute)

Pasaj din Scriptură: Luca 8:11-15

Iată ce înțeles are pilda aceasta: „Sămânța este Cuvântul lui Dumnezeu. Cei închipuiți în sămânța căzută lângă drum sunt cei ce aud; apoi vine diavolul și ia Cuvântul din inima lor, ca nu cumva să creadă și să fie mântuiți. Cei închipuiți în sămânța căzută pe stâncă sunt aceia care, când aud Cuvântul, îl primesc cu bucurie; dar n-au rădăcină, ci cred până la o vreme, iar când vine ispita, cad. Sămânța care a căzut între spini închipuiește pe aceia care, după ce au auzit Cuvântul, îl primesc cu bucurie; dar n-au rădăcină, ci cred până la o vreme, iar când vine ispita, cad. Sămânța care a căzut între spini închipuiește pe aceia care, după ce au auzit Cuvântul, își văd de drum și-l lasă să fie înăbușit de grijile, bogățiile și plăcerile vieții acesteia și n-aduc rod care să ajungă la coacere. Sămânța care a căzut pe pământ bun sunt aceia care, după ce au auzit Cuvântul, îl țin într-o inimă bună și curată și fac rod în răbdare."

Devoțiune

Conștientizarea dragostei lui Dumnezeu – și modul în care răspundem față de ea – trebuie să se afle în miezul vieților noastre.

Fiecare moment și fiecare eveniment din viața pământească a omului plantează ceva în sufletul lui. După cum vântul poartă mii de semințe înaripate, tot la fel fiecare moment aduce cu el germeni ai unei vitalități spirituale care ajung să se odihnească, în mod imperceptibil, în mintea și voința oamenilor. Cele mai multe dintre aceste semințe nenumărate pier și se pierd, din cauză că oamenii nu sunt pregătiți să le primească: semințe ca acestea nu pot crește oriunde, cu excepția pământului bun al libertății, spontaneității și dragostei.

Aceasta nu e o idee nouă. Hristos ne-a spus, cu mult timp în urmă, în pilda semănătorului, că „sămânța este Cuvântul lui Dumnezeu." Deseori noi ne gândim că acest lucru se aplică doar la cuvântul Evangheliei, așa cum e predicat duminica în biserici... Totuși, fiecare expresie a voii lui Dumnezeu e, într-un sens, un

Spiritualitatea emoțională zilnică

„cuvânt" al lui Dumnezeu, și, ca urmare, o „sămânță" a vieții noi. Realitatea mereu schimbătoare în care trăim ar trebui să ne trezească la posibilitatea unui dialog neîntrerupt cu Dumnezeu... Trebuie să învățăm să ne dăm seama că dragostea lui Dumnezeu ne caută în fiecare situație, și că ea caută binele nostru.

-Thomas Merton[57]

Întrebare pentru meditație

Ia o pauză și gândește-te la ziua ta. Ce semințe venite de la Dumnezeu, pe care nu dorești să le pierzi, ar putea să se îndrepte spre tine?

Rugăciune

Doamne, Te laud pentru că dragostea Ta îmi caută binele în orice situație. Iartă-mă pentru semințele pe care le-am risipit. Înmoaie-mi inima, pentru a mă supune voii Tale, care trebuie să se împlinească în și prin mine. Mă rog în numele lui Isus, amin.

Încheie cu un timp de tăcere (2 minute)

ZIUA 1: OFICIUL DE AMIAZĂ/SEARĂ

Tăcere, liniște și focalizare în prezența lui Dumnezeu (2 minute)

Pasaj din Scriptură: Geneza 2:9, 15-17

Domnul Dumnezeu a făcut să răsară [...] pomul vieții în mijlocul grădinii, și pomul cunoștinței binelui și răului.
Domnul Dumnezeu a luat pe om și l-a așezat în grădina Edenului, ca s-o lucreze și s-o păzească. Domnul Dumnezeu a dat omului porunca aceasta: „Poți să mănânci după plăcere din orice pom din grădină; dar din pomul cunoștinței binelui și răului să nu mănânci, căci în ziua în care vei mânca din el vei muri negreșit."

Devoțiune

În miezul disciplinelor Oficiului Zilnic și Sabatului se află oprirea pentru a te supune lui Dumnezeu, încrezându-te în El. La baza păcatului din grădina Edenului se află lipsa încrederii. Adam și Eva au lucrat în grădina Edenului și s-au bucurat în mod legitim de realizările pe care le-au avut în ea. Totuşi, ei au fost chemaţi să-şi accepte limitele şi să nu mănânce din pomul cunoştinţei binelui şi răului. Ei nu au fost destinaţi să vadă şi să cunoască lucrurile care Îi aparţin doar Dumnezeului cel Atotputernic.

Conform argumentelor teologului Robert Barron, în esenţa păcatului originar se află refuzul de a accepta ritmul pe care Dumnezeu L-a stabilit pentru noi. Faptul că suntem creaţi după chipul lui Dumnezeu presupune capacitatea de a ne opri din lucru, aşa cum a făcut-o Dumnezeu. Când ne oprim din muncă şi ne odihnim, noi Îl imităm pe Dumnezeu. Dacă ne putem opri o zi pe săptămână, sau pentru un mini-Sabat în fiecare zi (un oficiu zilnic), noi atingem înlăuntrul nostru ceva profund, întrucât suntem purtători ai chipului lui Dumnezeu. Creierele, trupurile, duhurile şi sentimentele noastre sunt întreţesute de Dumnezeu pentru un ritm în care să lucrăm, dar şi să ne odihnim în El.

Oprirea pentru Oficiul Zilnic sau pentru Sabat nu are menirea de a adăuga o altă obligaţie la programul nostru, deja încărcat. Ea e un mod cu totul nou de a trăi în lume şi de a ne reseta toate zilele pentru a le îndrepta spre o nouă destinaţie – Dumnezeu.[58]

Întrebare pentru meditaţie

În ce mod înţelegi astăzi invitaţia de „a te opri şi a te supune lui Dumnezeu, încrezându-te în El"?

Rugăciune

Doamne, ajută-mă să mă ţin de Tine astăzi. Am nevoie de Tine.

Eliberează-mă, pentru a începe să-mi reorientez viaţa în jurul tău, şi doar în jurul Tău. Ajută-mă să fiu atent şi să cinstesc modul unic în care m-ai creat. Îţi mulţumesc pentru darul odihnei. Mă rog în numele lui Isus, amin.

Încheie cu un timp de tăcere (2 minute)

Spiritualitatea emoțională zilnică

ZIUA 2: OFICIUL DE DIMINEAȚĂ/AMIAZĂ

Tăcere, liniște și focalizare în prezența lui Dumnezeu (2 minute)

Pasaj din Scriptură: 1 Regi 19:11-12

Domnul i-a zis: „Ieși și stai pe munte înaintea Domnului" Și iată că Domnul a trecut pe lângă peșteră. Și înaintea Domnului a trecut un vânt tare și puternic, care despică munții și sfărâmă stâncile. Domnul nu era în vântul acela. Și după vânt, a venit un cutremur de pământ. Domnul nu era în cutremurul de pământ. Și după cutremurul de pământ, a venit un foc: Domnul nu era în focul acela. Și după foc, a venit un susur blând și subțire.

Devoțiune

Când Dumnezeu i s-a arătat lui Ilie (după fuga lui de Izabela și în timpul depresiei în care și-a dorit să moară), i-a spus să stea și să aștepte ca prezența lui Dumnezeu să treacă pe lângă el. Dumnezeu nu s-a arătat în același mod în care o făcuse în trecut. Dumnezeu nu a fost în vânt (ca în cazul lui Iov), într-un cutremur (ca atunci când a dat cele zece porunci pe muntele Sinai), sau în foc (ca în rugul arzător pe care l-a văzut Moise). Dumnezeu i s-a arătat lui Ilie într-un „susur blând", care poate fi tradus ca un „sunet de tăcere totală." Modul în care acest pasaj e tradus de obicei nu captează în totalitate înțelesul original al limbii ebraice, însă ce ar fi putut face translatorii? Cum poți să auzi tăcerea?

Tăcerea de după haos, atât pentru Ilie cât și pentru noi, e plină de prezența lui Dumnezeu. Dumnezeu i-a vorbit lui Ilie din tăcere.[59]

Dumnezeu te cheamă să stai și să aștepți ca Ilie. De ce? Dumnezeu vrea, de asemenea, să-ți vorbească din „sunetul unei tăceri totale."

Întrebare pentru meditație

Când poți pune deoparte timp îndelungat de tăcere neîntreruptă, pentru a-L auzi pe Dumnezeu?

Rugăciune

Doamne, Tu știi cât îmi este de greu să stau în tăcere înaintea Ta. Uneori simt că acest lucru e aproape imposibil, având în vedere obligațiile pe care le am înainte, lucrurile care îmi distrag atenția și zgomotul din jurul meu. Te chem să mă conduci într-un loc tăcut,

*liniștit înaintea Ta – un loc unde să Te pot auzi, așa cum a făcut-o
Ilie. Mă rog în numele lui Isus, amin.*

Încheie cu un timp de tăcere (2 minute)

ZIUA 2: OFICIUL DE AMIAZĂ/SEARĂ

Tăcere, liniște și focalizare în prezența lui Dumnezeu (2 minute)

Pasaj din Scriptură: Ioan 15:4-6

„Rămâneți în Mine, și Eu voi rămâne în voi. După cum mlădița nu
poate aduce rod de la sine, dacă nu rămâne în viță, tot așa nici voi nu
puteți să aduceți rod, dacă nu rămâneți în Mine.
Eu sunt vița, voi sunteți mlădițele. Cine rămâne în Mine și în cine
rămân Eu aduce mult rod: căci despărțiți de Mine nu puteți face
nimic. Dacă nu rămâne cineva în Mine, este aruncat afară, ca mlădița
neroditoare, și se usucă; apoi mlădițele uscate sunt strânse, aruncate în
foc, și ard.”

Devoțiune

Când suntem mai ocupați decât ne cere Dumnezeu să fim, noi abuzăm
de noi înșine. Thomas Merton a înțeles acest lucru, când a scris:

Există o formă răspândită de violență contemporană... activismul
și munca în exces. Graba și presiunea vieții moderne sunt o formă,
poate cea mai obișnuită formă, a violenței ei intrinseci. A-ți permite
să fii purtat de o mulțime de preocupări contradictorii, a ceda în
fața prea multor solicitări, a te angaja la prea multe proiecte, a
dori să-i ajuți pe toți, în toate lucrurile, înseamnă a cădea pradă
abuzului... Ea omoară rădăcina înțelepciunii interioare care face
ca munca să fie roditoare.[60]

Când noi comitem acest abuz împotriva noastră, nu suntem
capabili să-i iubim pe alții în și prin dragostea lui Hristos.

Întrebare pentru meditație

Care sunt lucrurile care te fac să fii mai ocupat decât ți-o cere Dumnezeu?

Spiritualitatea emoțională zilnică

Rugăciune

Tată, știu că deseori purtat de prea multe preocupări, solicitări și proiecte. Am simțit acest abuz împotriva sufletului meu. Eliberează-mă de vârtejul acesta din jurul meu și din mine. Vindecă-mi duhul obosit, făcând ca înțelepciunea care vine din odihna în Tine să se reverse adânc înaintea mea. Mă rog în numele lui Isus, amin.

Încheie cu un timp de tăcere (2 minute)

ZIUA 3: OFICIUL DE DIMINEAȚĂ/AMIAZĂ

Tăcere, liniște și focalizare în prezența lui Dumnezeu (2 minute)

Pasaj din Scriptură: Psalmii 46:1-3, 10

Dumnezeu este adăpostul și sprijinul nostru,
un ajutor care nu lipsește niciodată în nevoi.
De aceea nu ne temem, chiar dacă s-ar zgudui pământul
și s-ar clătina munții în inima mărilor.
Chiar dacă ar urla și ar spumega valurile mării
și s-ar ridica până acolo de să se cutremure munții.
„Opriți-vă și să știți că Eu sunt Dumnezeu:
Eu stăpânesc peste neamuri,
Eu stăpânesc pe pământ.”

Devoțiune

Mulți caută cu nesaț, însă numai cei care rămân într-o tăcere neîntreruptă găsesc... Fiecare om care își găsește plăcerea într-o mulțime de cuvinte, chiar dacă spune lucruri admirabile, e gol pe dinlăuntru. Dacă iubești adevărul, fii un iubitor al tăcerii. Tăcerea e ca lumina soarelui care te luminează în Dumnezeu, și care te va elibera de spectrele ignoranței. Tăcerea te va uni cu Dumnezeu însuși...

Mai presus de toate, iubește tăcerea: îți aduce un rod pe care limba n-o poate descrie. La început trebuie să ne forțăm să stăm în tăcere. Mai apoi se naște însă ceva care ne atrage la tăcere. Fie ca Dumnezeu să-ți facă parte de a experimenta acel „ceva” care se naște din tăcere. Dacă practici acest lucru, asupra ta se va revărsa o lumină nespusă... după un timp, în inima acestui exercițiu se naște o anumită dulceață, iar trupul e atras aproape cu forța la a rămâne în tăcere.

-Isaac din Ninive[61]

Întrebare pentru meditație:

Care sunt lucrurile care te împiedică să stai în tăcere?

Rugăciune

Doamne, ajută-mă să stau liniștit și să Te aștept în tăcere. Mă rog în numele lui Isus, amin.

Încheie cu un timp de tăcere (2 minute)

ZIUA 3: OFICIUL DE AMIAZĂ/SEARĂ

Tăcere, liniște și focalizare în prezența lui Dumnezeu (2 minute)

Pasaj din Scriptură: Matei 13:31-33

Isus le-a pus înainte o altă pildă și le-a zis: „Împărăția cerurilor se aseamănă cu un grăunte de muștar pe care l-a luat un om și l-a semănat în țărâna sa. Grăuntele acesta, în adevăr, este cea mai mică dintre toate semințele: dar, după ce a crescut, este mai mare decât zarzavaturile și se face un copac, așa că păsările cerului vin și își fac cuiburi în ramurile lui."

Le-a spus o altă pildă, și anume: „Împărăția cerurilor se aseamănă cu un aluat pe care l-a luat o femeie și l-a pus în trei măsuri de făină de grâu, până s-a dospit toată plămădeala."

Devoțiune

În aceste două pilde care descriu împărăția lui Dumnezeu, Îl auzim pe Isus chemându-ne să încetinim și să ne examinăm mai îndeaproape viețile noastre.

Putem lucra fără încetare, mai rapid și mai rapid, folosind lumina artificială cu ajutorul cărora creăm lumină în miez de noapte. Nu uita însă: nici o ființă vie nu trăiește așa. Există niște ritmuri mai mari care guvernează modul în care viața crește: anotimpuri și

Spiritualitatea emoțională zilnică

apusuri, și mari mișcări ale mărilor și stelelor... Noi suntem parte din istoria creației, supuși tuturor legilor și ritmurilor ei. A ne supune ritmurilor anotimpurilor, timpurilor de înflorire și de dormitare, înseamnă a savura însuși secretul vieții. Mulți oameni de știință cred că noi suntem „proiectați" să fim astfel, adică să trăim într-o conștiență ritmică, să fim înlăuntru iar apoi să pășim afară, să fim absorbiți de un lucru, iar apoi să ne detașăm de el, să lucrăm iar apoi să ne odihnim. Ca urmare, porunca de a ține sabatul nu e o cerință împovărătoare, dată de o zeitate care dă legi – „Se cuvine să faci acest lucru, ar fi bine să-l faci, trebuie să-l faci" – ci mai degrabă amintirea unei legi care e integrată adânc în structura naturii. El ne amintește de modul în care lucrurile sunt de fapt, de ritmul căruia de fapt îi aparținem.
- Wayne Muller[62]

Întrebare pentru meditație

Cum consideri că îți vorbesc ritmurile din natură (de ex. primăvara, vara, toamna, iarna, ziua, noaptea)? Ce fel de ritmuri îți dorești pentru viața ta?

Rugăciune

Doamne, îți mulțumesc că Tu lucrezi chiar atunci când eu dorm. Învață-mă să respect ritmurile care sunt integrate în viață și să duc o viață în care să pot găsi o odihnă profundă în Tine. Mă rog în numele lui Isus, amin.

Încheie cu un timp de tăcere (2 minute)

ZIUA 4: OFICIUL DE DIMINEAȚĂ/AMIAZĂ

Tăcere, liniște și focalizare în prezența lui Dumnezeu (2 minute)

Pasaj din Scriptură: Marcu 2:23-38

S-a întâmplat că într-o zi de Sabat, Isus trecea prin lanurile de grâu. Ucenicii Lui, pe când mergeau, au început să smulgă spice de grâu. Fariseii i-au zis: „Vezi, de ce fac ei ce nu este îngăduit să facă în ziua Sabatului?"

Isus le-a răspuns: „Oare n-ați citit niciodată ce a făcut David, când a fost în nevoie și când a flămânzit el și cei ce erau împreună cu el? Cum a intrat în casa lui Dumnezeu, în zilele marelui preot Abiatar și a mâncat pâinile pentru punerea înaintea Domnului, pe care nu este îngăduit să le mănânce decât preoții? Și cum a dat din ele chiar și celor ce erau cu el?" Apoi le-a zis: „Sabatul a fost făcut pentru om, iar nu omul pentru Sabat; așa că Fiul omului este Domn chiar și al Sabatului."

Devoțiune

Sabatul nu depinde de disponibilitatea noastră de a ne opri. Noi nu ne oprim atunci când terminăm de făcut ceva. Noi nu ne oprim atunci când încetăm să mai dăm telefoane, când ne terminăm proiectele, când nu mai parcurgem lista de mesaje sau după ce am transmis raportul care are ca termen data de mâine. Noi ne oprim pentru că e vremea să ne oprim.

Sabatul necesită supunere. Dacă ne oprim doar când terminăm tot ce avem de lucru, nu ne vom opri niciodată – pentru că munca noastră nu e niciodată încheiată. Cu fiecare realizare apare o nouă responsabilitate... Dacă refuzăm să ne odihnim până când terminăm, nu ne vom odihni niciodată până la moarte. Sabatul îndepărtează urgența artificială din zilele noastre, întrucât ne eliberează de nevoia de a termina...

Ne oprim pentru că există forțe mai mari, care au grijă de univers, și chiar dacă eforturile noastre sunt importante, necesare, și folositoare, ele nu sunt indispensabile (așa cum nici noi nu suntem). Galaxia se va descurca oarecum în timpul acestei ore și acestei zile, iar noi suntem invitați – ni se poruncește – să ne relaxăm, să ne bucurăm de lipsa noastră relativă de importanță, de locul umil pe care îl avem la masa unei lumi atât de vaste...

Nu te îngrijora de ziua de mâine, a spus Isus în mod repetat. Munca zilei de astăzi îți este îndeajuns....

Sabatul îți spune să stai liniștit, să te oprești. Nu e nici o grabă să ajungi la capăt, pentru că noi nu terminăm niciodată.

-Wayne Muller[63]

Spiritualitatea emoțională zilnică

Întrebare pentru meditație

Care e teama cea mai mare pe care o ai când te oprești pentru un timp de douăzeci și patru de ore în fiecare săptămână?

Rugăciune

Doamne, ținerea Sabatului va necesita multe schimbări în modul în care îmi trăiesc viața. Învață-mă, Doamne, să fac următorul pas în această privință într-un mod care se potrivește personalității mele unice și situației în care mă aflu. Ajută-mă să mă încred în Tine pentru toate lucrurile care vor rămânea neterminate și să mă bucur de locul meu umil în lumea ta atât de vastă. Mă rog în numele lui Isus, amin.

Încheie cu un timp de tăcere (2 minute)

ZIUA 4: OFICIUL DE AMIAZĂ/SEARĂ

Tăcere, liniște și focalizare în prezența lui Dumnezeu (2 minute)

Pasaj din Scriptură: Psalmii 92:1-6

Frumos este să lăudăm pe Domnul
    și să mărim numele Tău, Preaînalte,
să vestim dimineața bunătatea Ta,
    și noaptea, credincioșia Ta,
cu instrumentul cu zece corzi și cu lăuta,
    în sunetele harpei.
Căci tu mă înveselești cu lucrările Tale, Doamne,
    și eu cânt de veselie, când văd lucrarea mâinilor Tale.
Cât de mari sunt lucrările Tale, Doamne,
    și cât de adânci sunt gândurile Tale!
Omul prost nu cunoaște lucrul acesta,
    și cel nebun nu ia seama la el.

Devoțiune

Psalmul 92 e un cântec ce a fost compus pentru ziua Sabatului. El reprezintă o condamnare a culturii zilelor noastre, care ne împinge spre epuizare și distrugere. De asemenea, el ne prezintă o viziune pozitivă a ținerii Sabatului, care ne ajută să înțelegem că Sabatul e mult mai mult decât un simplu repaos, după șase zile de efort frenetic. Sabatul e punctul central și punctul culminant al unei vieți devotate cinstirii lui Dumnezeu într-un mod practic, în fiecare zi.

Abraham Joshua Heschel a făcut observația următoare: „Cel ce nu învață să se bucure de gustul Sabatului în timp ce se află încă în lumea aceasta, cel ce nu e inițiat în a aprecia viața veșnică, nu va fi în stare să se bucure de gustul eternității în viața viitoare." Noi suntem naivi dacă credem că, după ce am risipit numeroasele daruri bune ale acestei creații, nu vom face același lucru cu darurile cerului. Din acest punct de vedere, practica sabatului, e un fel de teren de antrenament pentru viața din veșnicie, o pregătire pentru a intra și a fi primiți în prezența lui Dumnezeu.

-Norman Wirzba[64]

Întrebare pentru meditație

În ce mod e posibil ca ținerea Sabatului (pentru un timp de douăzeci și patru de ore) sau practicarea Oficiului Zilnic (un mini-Sabat de câteva minute) să-ți ofere un gust al eternității?

Rugăciune

Doamne, arată-mi cum să spun bun venit prezenței Tale, nu doar o zi pe săptămână, ci în fiecare zi. Antrenează-mă pentru a fi pregătit pentru eternitate. Dă-mi un gust al cerului, ajutându-mă să experimentez adevărata odihnă a Sabatului. Mă rog în numele lui Isus, amin.

Încheie cu un timp de tăcere (2 minute)

ZIUA 5: OFICIUL DE DIMINEAȚĂ/AMIAZĂ

Tăcere, liniște și focalizare în prezența lui Dumnezeu (2 minute)

Pasaj din Scriptură: Psalmii 23:1-3

Domnul este păstorul meu: nu voi duce lipsă de nimic.
El mă paște în pășuni verzi
și mă duce la ape de odihnă;
îmi înviorează sufletul

și mă povățuiește pe cărări drepte,
din pricina Numelui Său.

Devoțiune

Sabatul ne învață harul, pentru că ne conectează în mod tangibil
cu adevărul de bază că eforturile noastre nu ne vor ajuta să câștigăm
dragostea lui Dumnezeu. Atât timp cât lucrăm din greu, când ne
folosim darurile pentru a sluji altora și ne bucurăm de munca
și truda noastră, noi suntem întotdeauna în pericol de a crede
că acțiunile noastre declanșează dragostea lui Dumnezeu pentru
noi. Doar atunci când ne oprim, când ne oprim cu adevărat, ne
învățăm inimile și sufletele că nu suntem iubiți din cauza a ceea
ce facem.
În timpul unei zile de odihnă, avem șansa de a inspira adânc și de
a privi la viețile noastre. Dumnezeu e la lucru în fiecare minut
din viața noastră, însă noi rareori observăm acest lucru. Pentru
a observa acest lucru e nevoie să ne oprim în mod deliberat, iar
Sabatul ne oferă această ocazie. În timpul Sabatului putem vedea,
un moment, frumusețea unei frunze de arțar, creată cu mare grijă
de Creatorul nostru plin de dragoste...
Când nu ne facem timp pentru a ne opri, nu putem observa
mâna lui Dumnezeu la lucru în viețile noastre, nu putem să ne
exprimăm mulțumirea, nu putem păși în afara valorilor culturii
noastre sau explora lucrurile după care tânjim cel mai profund.
Fără un timp de odihnă, vom submina în mod serios capacitatea
noastră de a experimenta dragostea și acceptarea necondițională a
lui Dumnezeu. Sabatul e un dar ale cărui binecuvântări nu pot fi
găsite în nici un alt loc.
-Lynne Baab[65]

Întrebare pentru meditație

Cum Îi vei permite lui Dumnezeu să te conducă la „apele de odihnă"
din această săptămână, pentru a experimenta dragostea și acceptarea
Lui necondițională?

Rugăciune

*Doamne, acum inspir adânc și mă opresc. Atât de des pierd din vedere
mâna Ta care e la lucru în viața mea și darurile Tale, din cauză că*

sunt preocupat şi neliniştit. Dă-mi puterea de a mă opri în fiecare zi
şi în fiecare săptămână, pentru a mă odihni, pur şi simplu, în braţele
Tale pline de dragoste. Mă rog în numele lui Isus, amin.

Încheie cu un timp de tăcere (2 minute)

ZIUA 5: OFICIUL DE AMIAZĂ/SEARĂ

Tăcere, linişte şi focalizare în prezenţa lui Dumnezeu (2 minute)

Pasaj din Scriptură: Deuteronom 5:12-15

Ţine ziua de odihnă, ca s-o sfinţeşti, cum ţi-a poruncit Domnul
Dumnezeul tău. Şase zile să lucrezi şi să-ţi faci toate treburile. Dar
ziua a şaptea este ziua de odihnă a Domnului Dumnezeului Tău:
să nu faci nici o lucrare în ea, nici tu, nici fiul tău, nici fiica ta, nici
robul tău, nici roaba ta, nici boul tău, nici măgarul tău, nici vreunul
din dobitoacele tale, nici străinul care este în locurile tale, pentru ca
şi robul şi roaba ta să se odihnească întocmai ca tine. Adu-ţi aminte
că şi tu ai fost rob în ţara Egiptului, şi Domnul, Dumnezeul tău, te-a
scos din cea cu o mână tare şi cu braţ întins: de aceea ţi-a poruncit
Domnul Dumnezeul tău să ţii ziua de odihnă.

Devoţiune

Sabatul a fost menit să contureze vieţile pe care le trăim ca oameni
eliberaţi. A patra poruncă cere o zi de odihnă – pentru cei care fuseseră
înrobiţi.

Motivul deuteronomic pentru ţinerea Sabatului e că strămoşii
noştri au stat patru sute de ani în Egipt fără să aibă nici un
concediu (Deuteronom 5:15). Ei nu au avut nici o zi liberă.
Consecinţa acestui fapt: ei nu au mai fost consideraţi persoane, ci
sclavi. Mâini. Unelte de lucru. Nu mai erau persoane create după
chipul lui Dumnezeu, ci utilaje pentru fabricarea de cărămizi şi
construirea de piramide. Umanitatea lor fusese desfigurată.
-Eugene Peterson[66]

Ţinerea Sabatului are menirea de a fi o experienţă a adevărului
că nu eşti un „utilaj de producţie", ci un fiu sau fiică a lui Dumnezeu
iubit profund. El nu e interesat pur şi simplu să te folosească pentru a
produce ceva; Dumnezeu îşi găseşte plăcerea în tine. El îţi dă timp liber

Spiritualitatea emoțională zilnică

o dată pe săptămână pentru ca tu să savurezi eliberarea de orice formă de oprimare și robie.

Întrebare pentru meditație

Cum ar putea adevărul că Dumnezeu nu vrea să te folosească, ci să se bucure de tine, să-ți dea o viziune a sărbătoririi Sabatului?

Rugăciune

Doamne, odihna Sabatului e într-adevăr un dar incredibil! Îți mulțumesc că nu pot face nimic pentru a câștiga dragostea Ta; ea vine fără nici o condiție atașată de ea. Îmi închid ochii pentru câteva minute înaintea Ta, tot ce pot spune e că Îți mulțumesc! Mă rog în numele lui Isus, amin.

Încheie cu un timp de tăcere (2 minute)

Crește pentru a deveni un adult matur emoțional

7

Săptămâna a Șaptea

ZIUA 1: OFICIUL DE DIMINEAȚĂ/AMIAZĂ

Tăcere, liniște și focalizare în prezența lui Dumnezeu (2 minute)

Pasaj din Scriptură: Luca: 9:49-55

Ioan a luat cuvântul și a zis: „Învățătorule, noi am văzut pe un om scoțând draci în Numele Tău; și l-am oprit, pentru că nu merge după noi." „Nu-l opriți, i-a răspuns Isus, fiindcă cine nu este împotriva voastră este pentru voi." Când s-a apropiat vremea în care să fie luat în cer, Isus Și-a îndreptat fața hotărât să meargă la Ierusalim. A trimis înainte niște soli, care s-au dus și au intrat într-un sat al samaritenilor, ca să-I pregătească un loc de găzduit. Dar ei nu L-au primit, pentru că Isus se îndrepta să meargă spre Ierusalim. Ucenicii săi, Iacov și Ioan, când au văzut lucrul acesta, au zis: „Doamne vrei să poruncim să se coboare foc din cer și să-i mistuie, cum a făcut Ilie?" Isus S-a întors spre ei, i-a certat și le-a zis: „Nu știți de ce duh sunteți însuflețiți!"

Devoțiune

Noi uităm deseori că oamenii pe care Isus i-a ales pentru a forma conducerea bisericii Lui nu erau maturi spiritual sau emoțional. Ca și noi, ei au avut multe de învățat.

Petru, liderul cu punctaj maxim, avea o mare problemă din cauză că avea o gură mare și era plin de contradicții. Andrei, fratele lui, era liniștit și stătea în spatele cortinei. Lui Iacov și Ioan li s-a dat numele „fii tunetului" din cauză că erau agresivi, impulsivi, ambițioși și intoleranți. Filip era sceptic, negativ și avea o viziune redusă. „Nu putem face asta", așa s-a rezumat credința lui când s-a confruntat cu problema hrănirii celor cinci mii. Natanael Bartolomeu avea prejudecăți și era dogmatic. Matei era persoana cea mai detestată din Capernaum, pentru că avea o profesie care abuza oamenii săraci. Iacov, fiul lui Alfeu, și Iuda, fiul lui Iacov, erau niște persoane lipsite de importanță. Biblia nu ne spune nimic despre ei. Simon Zelotul era un luptător pentru libertate și un terorist al zilelor lui. Iuda, trezorierul, era un hoț și un singuratic. El a pretins să-i fie credincios lui Isus, înainte ca în cele din urmă să-l trădeze. Totuși, cei mai mulți dintre ei aveau o mare calitate: erau doritori să facă lucrurile care li se cereau. Asta e tot ceea ce Dumnezeu vrea de la noi.[67]

Spiritualitatea emoțională zilnică

Întrebare pentru meditație

Care e un prim pas pe care îl poți face pentru a te încredința (cu toate defectele tale) în mâinile lui Isus, chemându-L să te modeleze pentru a deveni un ucenic matur din punct de vedere spiritual și emoțional?

Rugăciune

Doamne Isuse, eu mă identific cu ucenicii care au dorit să cheme foc din cer peste Samariteni și care s-au certat ca să știe care dintre ei era cel mai mare. Iartă-mi mândria. Curăță-mă și umple-mă cu puterea Ta, pentru a putea să-i iubesc pe alții într-un mod adecvat în ziua de astăzi, pentru numele Tău. Amin.

Încheie cu un timp de tăcere (2 minute)

ZIUA 1: OFICIUL DE AMIAZĂ/SEARĂ

Tăcere, liniște și focalizare în prezența lui Dumnezeu (2 minute)

Pasaj din Scriptură: Marcu 5:30-34

Isus a cunoscut îndată că o putere ieșise din El; și, întorcându-Se spre mulțime, a zis: „Cine s-a atins de hainele Mele?"
Ucenicii i-au zis: „Vezi că mulțimea te îmbulzește și mai zici: „Cine s-a atins de Mine?"
El se uita de jur împrejur să vadă pe cea care făcuse lucrul acesta. Femeia, înfricoșată și tremurând, căci știa ce se petrecuse în ea, a venit de s-a aruncat la picioarele Lui și I-a spus tot adevărul. Dar Isus i-a zis: „Fiică, credința ta te-a mântuit; du-te în pace și fii tămăduită de boala ta."

Devoțiune

În calitate de creștini maturi din punct de vedere emoțional, noi admitem faptul că a iubi într-un mod adecvat e esența adevăratei spiritualități. Pentru aceasta, noi trebuie să ne putem conecta cu Dumnezeu, cu noi înșine și cu alți oameni. Dumnezeu ne cheamă să practicăm prezența Lui în viețile noastre de zi cu zi. În același timp, El ne invită ca, în relațiile pe care le întreținem zi de zi, să „practicăm prezența oamenilor", ca parte a conştienţei prezenţei Sale. Din nefericire, aceste două aspecte ale prezenţei Lui sunt rareori legate una de cealaltă.

Viaţa de rugăciune profundă, contemplativă a lui Isus în relaţia cu Tatăl a generat o prezenţă contemplativă şi faţă de oamenii din jurul Său. Dragostea înseamnă „a revela unei alte persoane frumuseţea ei", a scris Jean Vanier. Isus a făcut acest lucru cu fiecare persoană pe care a întâlnit-o. Vedem aceasta în interacţiunea pe care a avut-o cu femeia ce suferise de o scurgere de sânge timp de doisprezece ani (Marcu 5).

Această capacitate de a asculta cu adevărat şi de a acorda atenţie oamenilor s-a aflat în centrul misiunii lui Isus, iar ca urmare El i-a tratat pe oameni cu compasiune. Tot la fel, ca urmare a timpului nostru de comuniune cu Dumnezeu, şi noi suntem chemaţi să fim prezenţi cu oamenii într-un spirit de rugăciune şi să le arătăm frumuseţea din ei.

Din nefericire, liderii religioşi din vremea lui Isus, „liderii bisericeşti" din acea vreme, nu au făcut niciodată legătura dintre aceste două lucruri.[68]

Întrebare pentru meditaţie

Cum poţi practica astăzi „prezenţa oamenilor", ca parte a conştienţei prezenţei lui Dumnezeu?

Rugăciune

Doamne, eu am moduri nesănătoase, înrădăcinate adânc în mine, de a mă raporta la cei din jurul meu. Te rog să mă schimbi. Fă-mă un vas care să răspândească o dragoste matură, statornică şi de încredere, pentru ca oamenii cu care vin în contact să simtă, prin mine tandreţea şi bunătatea Ta. Mă rog în numele lui Isus, amin.

Încheie cu un timp de tăcere (2 minute)

ZIUA 2: OFICIUL DE DIMINEAŢĂ/AMIAZĂ

Tăcere, linişte şi focalizare în prezenţa lui Dumnezeu (2 minute)

Pasaj din Scriptură: Luca 15:20b-24

Când era încă departe, tatăl său l-a văzut şi i s-a făcut milă de el,
a alergat de a căzut pe grumazul lui şi l-a sărutat mult. Fiul i-a zis:

Spiritualitatea emoțională zilnică

„Tată, am păcătuit împotriva cerului și împotriva ta, nu mai sunt vrednic să mă chem fiul tău." Dar tatăl a zis robilor săi: „Aduceți repede haina cea mai bună și îmbrăcați-l cu ea; puneți-i un inel în deget și încălțăminte în picioare. Aduceți vițelul cel îngrășat și tăiați-l. Să mâncăm și să ne înveselim; căci acest fiul al meu era mort, și a înviat; era pierdut, și a fost găsit." Și au început să se înveselească."

Devoțiune

În renumita pildă a fiului risipitor, descrierea pe care Tatăl o face fiului ne oferă un crâmpei din ceea ce înseamnă a fi adult din punct de vedere emoțional.

Biserica e plină de „fii mai tineri" care rătăcesc de la dragostea lui Dumnezeu de fiecare dată când El nu le împlinește așteptările. Ea e plină, de asemenea, de „fii mai în vârstă" care sunt mânioși, plini de amărăciune și ursuzi. Cunosc foarte bine aceste tipuri de oameni și mă regăsesc în ambele categorii.

Totuși, oamenii caută cu disperare părinți în credință care să fie în stare să îmbrățișeze, să iubească, să aibă empatie, să fie prezenți pentru ceilalți și să ierte cu larghețe. Ei caută o dragoste fără condiții, o dragoste pe care lumea o cunoaște foarte puțin. Conform celor scrise de Henri Nowen, nimeni nu devine o astfel de persoană de la sine:

> Trebuie să îngenunchez înaintea Tatălui, să-mi pun inima pe pieptul Lui și să ascult, fără întrerupere, bătaia inimii lui Dumnezeu. Apoi, și abia apoi, pot spune ce aud, atent și blând. Atunci știu că trebuie să vorbesc din eternitate spre timp, dintr-o bucurie necontenită în realitățile trecătoare ale existenței noastre în această lume, din casa dragostei în casele temerii, din casa lui Dumnezeu în locuințele ființelor umane.[69]

Întrebare pentru meditație

Care dintre cuvintele din citatul lui Nouwen cu privire la fiul risipitor au ecou în inima ta?

Rugăciune

Tată, ajută-mă să fiu liniștit și să te ascult, să-Ți simt îmbrățișarea și să mă odihnesc în dragostea Ta – și după ce am făcut aceste lucruri, să vorbesc altora. Mă rog în numele lui Isus, amin.

Încheie cu un timp de tăcere (2 minute)

ZIUA 2: OFICIUL DE AMIAZĂ/SEARĂ

Tăcere, liniște și focalizare în prezența lui Dumnezeu (2 minute)

Pasaj din Scriptură: Psalmii 130

Din fundul adâncului Te chem, Doamne!
Doamne, ascultă-mi glasul!
Să ia aminte urechile tale
la glasul cererilor mele!
Dacă ai păstra, Doamne, aducerea aminte a nelegiuirilor,
cine ar putea sta în picioare, Doamne?
Dar la Tine este iertare,
ca să fii de temut.
Eu nădăjduiesc în Domnul, sufletul meu nădăjduiește,
și aștept făgăduința Lui.
Sufletul meu așteaptă pe Domnul
mai mult decât așteaptă străjerii dimineața,
da, mai mult decât așteaptă străjerii dimineața.
Israele, pune-ți nădejdea în Domnul,
căci la Domnul este îndurarea
și la El este belșug de răscumpărare!
El va răscumpăra pe Israel din toate nelegiuirile lui.

Devoțiune

Eu pot „să-L aștept pe Domnul" să-mi dea ceva – o oportunitate nouă, binecuvântări pentru copiii mei, vindecarea unei prietenii, o călătorie în siguranță în afara orașului. E mult mei greu pentru mine „să aștept înaintea Domnului" fără interesul de a obține ceva; pur și simplu să stau liniștit înaintea Lui. Totuși, acesta este unul din secretele unei iubiri curate.

Deși încerc deseori să o scot la capăt, știu că nu pot fi prezent cu adevărat alături de o altă persoană atunci când lumea mea interioară e plină de preocupări și de lucruri care îmi distrag atenția. Aceasta este una dintre provocările cele mai mari cu care mă confrunt în ceea ce privește a fi alături de alții: a fi liniștit în sufletul meu. Liniștea e condiția preliminară a prezenței. Trebuie ca mai întâi eu să fiu liniștit în mine însumi, dacă e să fiu liniștit

Spiritualitatea emoțională zilnică

cu altcineva. Desigur, trebuie să învăț de asemenea să fiu liniștit înaintea lui Dumnezeu, dacă doresc să învăț să fiu liniștit în mine însumi. Prezența începe cu liniștea în sinele propriu. Dacă eu nu am acest loc liniștit, nu pot fi prezent cu adevărat pentru alții.

-David Brenner[70]

Întrebare pentru meditație

Care e cea mai mare provocare cu care te confrunți în ceea ce privește a sta liniștit înaintea Domnului?

Rugăciune

Doamne, îți mărturisesc că nu sunt sigur ce înseamnă a tăcea și a-mi liniști sufletul înaintea Ta. Condu-mă în această călătorie, prin care să descopăr cum să fac liniște înlăuntrul meu, iar eu Te voi urma oriunde mă vei conduce, și în orice mod o vei face. Mă rog în numele lui Isus, amin.

Încheie cu un timp de tăcere (2 minute)

ZIUA 3: OFICIUL DE DIMINEAȚĂ/AMIAZĂ

Tăcere, liniște și focalizare în prezența lui Dumnezeu (2 minute)

Pasaj din Scriptură: Matei 25:34-36, 40

Atunci Împăratul va zice celor de la dreapta Lui: „Veniți binecuvântații Tatălui Meu de moșteniți Împărăția care v-a fost pregătită de la întemeierea lumii. Când am fost flămând, și Mi-ați dat de mâncat; Mi-a fost sete și Mi-ați dat de băut; am fost străin și ați venit pe la Mine."
Drept răspuns, Împăratul le va zice: „Adevărat vă spun că, ori de câte ori ați făcut aceste lucruri unui din acești foarte neînsemnați frați ai Mei, Mie Mi le-ați făcut."

Devoțiune

În 1952 Maica Teresa a început să-i strângă pe muribunzii aflați pe străzile orașului Calcutta, din India. În anul 1980 ea, împreună cu trei mii de membri din ordinul ei, Misionarii Carității, lucrau în cincizeci şi două de ţări. Învăţăturile şi viaţa ei ne oferă o înţelegere profundă a ceea ce înseamnă a-L urma pe Isus ca nişte adulţi din punct de vedere emoţional şi spiritual. Ea a scris:

Eu nu privesc niciodată la masele de oameni ca fiind răspunderea mea. Eu privesc numai la persoana individuală. Eu pot iubi doar o singură persoană, pe rând. Pot hrăni doar o singură persoană, pe rând. Doar una, apoi încă una şi apoi încă una. Oamenii se apropie de Hristos atunci când se apropie mai mult unii de alţii.

După cum a spus Isus, „Ori de câte ori aţi făcut aceste lucruri unui din aceşti foarte neînsemnaţi fraţi ai Mei, Mie Mi le-aţi făcut." Aşa începi... şi aşa încep şi eu. Am luat o singură persoană... Întreaga lucrare e doar o picătură în ocean. Dacă însă nu punem acea picătură în ocean, oceanul rămâne fără o picătură. Acelaşi lucru e valabil şi pentru tine. Acelaşi lucru e valabil şi în familia ta. Acelaşi lucru e valabil şi în biserica unde mergi. Doar începe... cu o persoană, apoi încă una şi apoi încă una! La sfârşitul vieţilor noastre noi nu vom fi judecaţi după câte diplome am primit, cât de mulţi bani am câştigat sau cât de multe lucruri măreţe am făcut. Vom fi judecaţi conform spuselor acestora: „Am fost flămând şi Mi-aţi dat de mâncat; Mi-a fost sete şi Mi-aţi dat de băut; am fost străin şi aţi venit pe la Mine."[71]

Întrebare pentru meditaţie

Cum poţi să începi să-L vezi pe Isus Hristos în oamenii pe care îi întâlneşti săptămâna aceasta?

Rugăciune

Doamne, eu sunt deseori copleşit de nevoile lumii din jurul meu. Îţi mulţumesc că Tu eşti răspunzător pentru lume, şi nu eu. Ajută-mă să văd astăzi doar o persoană – apoi încă una şi încă una – astfel încât cuvintele şi acţiunile care decurg din viaţa mea să reflecteze viaţa Ta. Mă rog în numele lui Isus, amin.

Încheie cu un timp de tăcere (2 minute)

ZIUA 3: OFICIUL DE AMIAZĂ/SEARĂ

Tăcere, liniște și focalizare în prezența lui Dumnezeu (2 minute)

Pasaj din Scriptură: Luca 10:30-37

Isus a luat din nou cuvântul și a zis: „Un om se cobora din Ierusalim la Ierihon. A căzut între niște tâlhari, care l-au dezbrăcat, l-au jefuit de tot, l-au bătut zdravăn, au plecat și l-au lăsat aproape mort. Din întâmplare, se cobora pe același drum un preot și, când a văzut pe omul acesta, a trecut înainte pe alături. Un levit trecea și el prin locul acela și, când l-a văzut, a trecut înainte pe alături. Dar un samaritean, care era în călătorie, a venit în locul unde era el și, când l-a văzut, i s-a făcut milă de el. S-a apropiat de i-a legat rănile și a turnat peste ele untdelemn și vin; apoi l-a pus pe dobitocul lui, l-a dus la un han și a îngrijit de el. A doua zi, când a pornit la drum, a scos doi lei, i-a dat hangiului și i-a zis: „Ai grijă de el, și orice vei mai cheltui îți voi da înapoi la întoarcere."

Care dintre aceștia trei ți se pare că a dat dovadă că este aproapele celui ce căzuse între tâlhari?

„Cel ce și-a făcut milă cu el", a răspuns învățătorul Legii. „Du-te de fă și tu la fel", i-a zis Isus.

Devoțiune

Marele teolog evreu Martin Buber a descris relația cea mai sănătoasă și mai matură care poate exista între două persoane ca fiind o relație „Eu-Tu". Într-o astfel de relație, eu recunosc că sunt creat după chipul lui Dumnezeu, la fel ca oricare altă persoană. Acest lucru face din ei un „Tu" pentru mine. Ele capătă astfel demnitate și valoare, și trebuie tratate cu respect. Eu le validez ca fiind niște ființe umane unice și distincte, aparte de mine.

Totuși, în majoritatea relațiilor noastre umane, noi îi tratăm pe oameni ca pe niște obiecte – ca pe un „Ceva". Într-o relație „Eu-Ceva", eu te tratez ca pe un mijloc cu ajutorul căruia eu doresc să-mi ating un scop – așa cum mă folosesc de o periuță de dinți sau de o mașină. Eu vorbesc cu oamenii pentru a mă elibera de ceva ce îmi stă pe suflet, nu pentru a fi împreună cu ei ca și cu niște persoane distincte. Vorbesc despre oameni – persoane în poziții de autoritate, persoane care apar la știri, și așa mai departe – ca și cum niște ființe inferioare omului. Devin frustrat atunci când oamenii nu se conformează planurilor mele de a vedea lucrurile așa cum le văd eu.

Preotul și levitul nu au făcut acea legătură în mintea lor, prin care să înțeleagă că maturitatea emoțională (iubirea într-un mod adecvat) și iubirea lui Dumnezeu sunt inseparabile. Ei l-au pierdut pe acel „Tu" care stătea pe marginea drumului, și pur și simplu au trecut pe lângă el.[72]

Întrebare pentru meditație

Ia câteva momente pentru a te gândi la oamenii pe care îi vei întâlni astăzi. Ce ar implica pentru tine să încetinești și să tratezi pe fiecare dintre acești oameni ca pe un „Tu", și nu ca pe un „Ceva"?

Rugăciune

Doamne Isuse, Fiul lui Dumnezeu, ai milă de mine. Doamne, eu sunt conștient cât de des îi tratez pe oameni ca pe un „Ceva". Ajută-mă să văd fiecare persoană pe care o întâlnesc cu ochii și inima lui Hristos. Mă rog în numele lui Isus, amin.

Încheie cu un timp de tăcere (2 minute)

ZIUA 4: OFICIUL DE DIMINEAȚĂ/AMIAZĂ

Tăcere, liniște și focalizare în prezența lui Dumnezeu (2 minute)

Pasaj din Scriptură: Luca 7:36-39

Un fariseu a rugat pe Isus să mănânce la el. Isus a intrat în casa fariseului și a șezut la masă. Și iată că o femeie păcătoasă din cetate a aflat că El era la masa din casa fariseului: a adus un vas de alabastru cu mir mirositor și stătea înapoi, lângă picioarele lui Isus, și plângea. Apoi a început să-I stropească picioarele cu lacrimile ei și să le șteargă cu părul capului ei; le săruta mult și le ungea cu mir. Când a văzut lucrul acesta, fariseul care-L poftise și-a zis: „Omul acesta, dacă ar fi prooroc, ar ști cine și ce fel de femeie este cea care se atinge de El: că este o păcătoasă."

Devoțiune

Fariseul nu a considerat-o pe femeia păcătoasă o ființă umană iubită de Dumnezeu. El a considerat-o păcătoasă, o persoană deranjantă, care nu avea dreptul să stea la masă cu El. Isus a privit la ea într-un mod foarte diferit.

Dragostea vine atunci când ești conștient de cei din jur. Tu poți iubi cu adevărat o persoană doar în măsura în care o vezi așa cum este ea într-adevăr, aici și acum, și nu așa cum e ea în memoria, dorința, ideea pe care o ai despre ea sau imaginația ta. Altfel, tu nu iubești persoana în cauză, ci ideea pe care ți-ai format-o despre ea, sau iubești acea persoană ca pe un obiect al dorinței tale, și nu așa cum e ea în sine.

Ca urmare, primul act de dragoste este să vezi această persoană sau acest obiect, această realitate așa cum e ea într-adevăr. Acest lucru implică disciplina enormă ce implică renunțarea la dorințele, prejudecățile, amintirile, ideile pe care ți le-ai format despre ea, modul selectiv de a o lua în considerare. El implică o disciplină atât de mare, încât majoritatea oamenilor preferă să se lanseze fără a se gândi în fapte bune și slujire, în loc de a se supune focului arzător al acestei abstinențe... Așadar, primul ingredient al dragostei este a vedea persoana iubită așa cum e ea în realitate.

Al doilea ingredient e la fel de important, și implică a te vedea pe tine însuți, a revărsa fără milă lumina conștiinței asupra motivațiilor pe care le ai, a sentimentelor, nevoilor, nesincerității, căutării propriilor interese și a tendinței tale de a-i controla și manipula pe alții.

-Anthony de Mello[73]

Întrebare pentru meditație

Care sunt lucrurile care de împiedică să-i vezi pe oamenii cu care ai relații așa cum sunt ei de fapt?

Rugăciune

Doamne, eu am fost iertat pentru mult mai multe lucruri decât îmi voi da vreodată seama. Totuși, mă pot identifica și cu fariseul din acest pasaj. Ajută-mă să încetinesc și să fiu prezent cu Tine și cu alții, pentru a-i vedea pe oameni așa cum îi vezi Tu. Mă rog în numele lui Isus, amin.

Încheie cu un tip de rugăciune (2 minute)

ZIUA 4: OFICIUL DE AMIAZĂ/SEARĂ

Tăcere, liniște și focalizare în prezența lui Dumnezeu (2 minute)

Pasaj din Scriptură: Marcu 10:41-44

Cei zece, când au auzit lucrul acesta, au început să se mânie pe Iacov și Ioan. Isus i-a chemat la El și le-a zis: „Știți că cei priviți drept cârmuitori ai Neamurilor, domnesc peste ele, și mai marii lor le poruncesc cu stăpânire. Dar între voi să nu fie așa. Ci oricare va vrea să fie mare între voi să fie slujitorul vostru; și oricare va vrea să fie cel dintâi între voi să fie robul tuturor."

Devoțiune

Isus i-a învățat pe ucenici că Împărăția lui Dumnezeu e o împărăție cu un sistem de valori diferit. Ei însă au continuat să se gândească la modelul lumesc al puterii, și nu la modelul lui Isus al puterii, care începe de jos – prin slujire.

Pare mai ușor a fi Dumnezeu decât a-L iubi pe Dumnezeu, mai ușor a-i controla pe oameni decât a-i iubi, mai ușor a fi în posesia vieților altora decât a iubi viața.

Isus întreabă: „Mă iubești?" Noi întrebăm: „Putem sta la dreapta și la stânga Ta în împărăția Ta?" Din momentul în care șarpele a spus: „Dar Dumnezeu știe că, în ziua când veți mânca din el, vi se vor deschide ochii și veți fi ca Dumnezeu, cunoscând binele și rău." (Geneza 3:5), noi am fost ispitiți să înlocuim dragostea cu puterea.

Isus a trăit acea ispită în modul cel mai chinuitor, de la deșert până la cruce. Lunga și dureroasa istorie a Bisericii e istoria oamenilor care au fost ispitiți mereu să aleagă puterea în defavoarea dragostei, controlul în defavoarea crucii, a fi lider în defavoarea la a fi condus.

-Henri Nowen[74]

Întrebare pentru meditație

Care ar putea fi modul în care ai putea să renunți la putere și control și, în dragoste, să alegi să slujești cuiva astăzi?

Spiritualitatea emoțională zilnică

Rugăciune

Tată, Tu știi cât de mult mă lupt cu încercarea de a iubi pe unii din oamenii dificili din viața mea. Îmi este mai ușor, asemeni ucenicilor, să-i controlez pe oameni și să am putere asupra lor. Umple-mă cu puterea Ta, pentru a putea alege să slujesc, în dragoste, oamenilor pe care îi întâlnesc astăzi. Mă rog în numele lui Isus, amin.

Încheie cu un timp de tăcere (2 minute)

ZIUA 5: OFICIUL DE DIMINEAȚĂ/AMIAZĂ

Tăcere, liniște și focalizare în prezența lui Dumnezeu (2 minute)

Pasaj din Scriptură: Matei 7:1-5

Nu judecați, ca să nu fiți judecați. Căci cu ce judecată judecați veți fi judecați; și cu ce măsură măsurați vi se va măsura. De ce vezi tu paiul din ochiul fratelui tău și nu te uiți cu băgare de seamă la bârna din ochiul tău? Sau, cum poți zice fratelui tău: „Lasă-mă să scot paiul din ochiul tău", și, când colo, tu ai o bârnă în al tău?... Fățarnicule, scoate întâi bârna din ochiul tău, și atunci vei vedea deslușit să scoți paiul din ochiul fratelui tău.

Devoțiune

Între secolele trei și cinci, Părinții Deșertului au acumulat și ne-au transmis o înțelepciune bogată cu privire la felul în care o viață autentică cu Dumnezeu trebuie să ducă la o dragoste matură, care nu-i judecă pe alții.

Călugărul trebuie să moară față de vecinul lui și să nu-l judece deloc, în nici un fel.

Dacă ești preocupat de propriile tale greșeli, nu ai timp să le vezi pe cele ale seamănului tău.[75]

Multora dintre noi nu ne vine deloc greu să le dăm sfaturi altora sau să le scoatem în evidență greșelile. Înclinația noastră nu este de a le permite celorlalți să fie ei înșiși înaintea lui Dumnezeu și să înainteze în ritmul lor propriu. Noi, dimpotrivă, proiectăm asupra lor disconfortul nostru cu privire la alegerea lor de a-și trăi viața într-un mod diferit de cum ne-o trăim noi. Urmarea acestui lucru e că, în final, noi îi eliminăm din mintea noastră, fie încercând să-i facem să fie ca noi, fie căzând într-o indiferență de genul „de ce să-mi pese?"

Dacă nu scot mai întâi bârna din ochiul meu, fiind conștient că am niște puncte moarte de mari dimensiuni, sunt periculos. Trebuie să văd paguba mare pe care păcatul a produs-o în fiecare parte din ființa mea – din sentimentele, intelectul, trupul, voința și duhul meu – înainte de a încerca să îndepărtez paiul din ochiul fratelui meu.

Întrebare pentru meditație

Este vreo persoană pe care Dumnezeu te cheamă să nu o mai judeci? Cum ar arăta lucrurile dacă ai binecuvânta și ai acorda har acelei persoane?

Rugăciune

Ava Tată, iartă-mă că am atât de multe opinii despre atât de mulți oameni, și că îi judec. Iartă-mă și dă-mi har pentru a vedea bârnele pe care le am eu, în loc de a mă grăbi să-i judec pe alții. Mă rog în numele lui Isus, amin.

Încheie cu un timp de tăcere (2 minute)

ZIUA 5: OFICIUL DE AMIAZĂ/SEARĂ

Tăcere, liniște și focalizare în prezența lui Dumnezeu (2 minute)

Pasaj din Scriptură: Matei 10:28, 34-36

Să nu vă temeți de cei ce ucid trupul, dar care nu pot ucide sufletul; ci temeți-vă mai degrabă de Cel ce poate să piardă și sufletul și trupul în gheenă.
Să nu credeți că am venit s-aduc pacea pe pământ; n-am venit să aduc pacea, ci sabia. Căci am venit să despart
pe fiu de tatăl său, pe fiică de mama sa, și pe noră de soacra sa.
Și omul va avea de vrăjmași chiar pe cei din casa lui.

Devoțiune

Conflictele nerezolvate reprezintă una dintre sursele cele mai mari de tensiune din viața creștinilor din zilele noastre. Cei mai mulți dintre noi le urâm. Nu știm ce să facem cu ele. Preferăm să ignorăm chestiunile dificile și să ne mulțumim cu o pace falsă, sperând împotriva oricărei speranțe că, în vreun fel, aceste chestiuni se vor rezolva de la sine. Asta nu se întâmplă, iar ca urmare noi ajungem să:

*   spunem un lucru oamenilor în față și altul pe la spate.
*   facem promisiuni pe care nu avem nici o intenție de a le ține.
*   aruncăm vina asupra altora și devenim sarcastici.
*   cedăm, din cauză că ne e teamă că nu vom fi pe placul altora.
*   lăsăm mânia noastră să se „scurgă" sub forma unor critici subtile.
*   spunem doar jumătate din adevăr, pentru că nu suportăm să rănim sentimentele unui prieten.
*   spunem da atunci când de fapt vrem să spunem nu.
*   îi evităm pe oameni și îi tratăm cu răceală.

Totuși, conflictele și necazurile au ocupat un loc central în misiunea lui Isus. El a tulburat pacea falsă a ucenicilor, a mulțimilor, a liderilor religioși, a romanilor, a celor ce cumpărau și vindeau în Templu, și chiar a familiilor.

Isus a înțeles că nu putem clădi Împărăția Lui pe minciuni și falsități, ci doar pe baza adevărului.[76]

Întrebare pentru meditație

În care dintre relațiile tale ai parte de tensiuni și îți este teamă să le tulburi?

Rugăciune

Doamne, Tu știi că toată ființa mea dorește să fugă de tensiune și conflict, sau cel puțin să răstălmăcească adevărul în favoarea mea! Transformă modurile în care mă raportez la ceilalți. Ajută-mă să rostesc adevărul cu o mare dragoste și tandrețe. Fie ca Tu să fii onorat și glorificat în relațiile mele. Mă rog în numele lui Isus, amin.

Încheie cu un timp de tăcere (2 minute)

Dezvoltă o „Regulă de Viață"

8

Săptămâna a Opta

ZIUA 1: OFICIUL DE DIMINEAȚĂ/AMIAZĂ

Tăcere, liniște și focalizare în prezența lui Dumnezeu (2 minute)

Pasaj din Scriptură: Daniel 1:3-5,8

> Împăratul a dat poruncă lui Așpenaz, căpetenia famenilor săi
> dregători, să-i aducă vreo câțiva din copiii lui Israel de neam
> împărătesc și de viță boierească, niște tineri fără vreun cusur trupesc,
> frumoși la chip, înzestrați cu înțelepciune în orice ramură a științei,
> cu minte ageră și pricepere, în stare să slujească în casa împăratului și
> pe care să-i învețe scrierea și limba haldeilor. Împăratul le-a rânduit pe
> fiecare zi o parte din bucatele de la masa lui și din vinul pe care îl bea
> el, vrând să-i crească timp de trei ani, după care aveau să fie în slujba
> împăratului.
> Daniel s-a hotărât să nu se spurce cu bucatele alese ale împăratului
> și cu vinul pe care-l bea împăratul și a rugat pe căpetenia famenilor
> dregători să nu-l silească să se spurce.

Devoțiune

Împăratul Nebucadnețar și armatele lui babiloniene au cucerit
Ierusalimul și au luat ca sclavi majoritatea locuitorilor orașului. Unul
dintre cei luați a fost un tânăr adolescent pe nume Daniel. Babilonul
avea un scop simplu: acela de a elimina caracterul distinct al lui Daniel,
de urmaș al lui Dumnezeu și de a-l determina să adopte valorile culturii
sale, precum și zeitățile lui.

Cum a rezistat Daniel în fața puterii enorme a Babilonului?
El nu a fost un călugăr izolat, închis în spatele unor ziduri. El avea
responsabilități grele și mulți oameni de la care primea ordine. El avea
un grup mic de oameni care să-l sprijine, și, îmi închipui, o listă lungă
de sarcini pe care trebuia să le îndeplinească în fiecare zi.

Daniel avea și un plan, o „Regulă de Viață." El nu a lăsat dezvoltarea
vieții lui interioare la voia întâmplării. El știa forțele cu care trebuia să
se confrunte. Chiar dacă știm puține lucruri specifice, e clar că el și-a
orientat întreaga viață spre a-L iubi pe Dumnezeu. El a renunțat la
anumite activități, cum ar fi mâncarea la masa împăratului (Daniel
1) și a îndeplinit altele, cum ar fi Oficiul Zilnic (Daniel 6). Daniel a
reușit cumva să se hrănească spiritual și s-a dezvoltat, devenind un om
extraordinar al lui Dumnezeu, în ciuda mediului ostil în care a trăit.[77]

Spiritualitatea emoțională zilnică

Întrebare pentru meditație

Care e planul tău, în mijlocul zilei tale ocupate, să nu lași la voia întâmplării hrănirea vieții tale interioare cu Dumnezeu?

Rugăciune

Doamne, am nevoie să fiu cu Tine pentru un timp îndelungat. Văd că sunt multe lucruri în mine care trebuie schimbate. Arată-mi un pas mic pe care îl pot face astăzi pentru a începe să-mi zidesc o viață orientată asupra Ta. Doamne, ajută-mă să-mi dezvolt un plan eficient în viața mea pentru a-Ți acorda atenție, fie că lucrez, mă odihnesc, studiez sau mă rog. Mă rog în numele lui Isus, amin.

Încheie cu un timp de tăcere (2 minute)

ZIUA 1: OFICIUL DE AMIAZĂ/SEARĂ

Tăcere, liniște și focalizare în prezența lui Dumnezeu (2 minute)

Pasaj din Scriptură: Psalmii 73:12-17,25

Așa sunt cei răi:
    totdeauna fericiți, și își măresc bogățiile.
Degeaba, dar, mi-am curățat eu inima
    și mi-am spălat mâinile în nevinovăție:
Căci în fiecare zi sunt lovit
    și în toate diminețile sunt pedepsit.
Dacă aș zice: „Vreau să vorbesc ca ei",
    iată că n-aș fi credincios neamului copiilor Tăi.
M-am gândit la aceste lucruri ca să le pricep,
    dar zadarnică mi-a fost truda.
Până ce am intrat în Sfântul Locaș al lui Dumnezeu
    și am luat seama la soarta de la urmă a celor răi.
Pe cine altul am eu în cer în afară de Tine?
    Și pe pământ nu-mi găsesc plăcerea în nimeni decât în Tine.

Devoțiune

Creștinismul nu e un set de crezuri intelectuale, ci o relație de dragoste cu Dumnezeu. Trebuie să facem ceea ce a făcut psalmistul în Psalmul 73 – să mergem în sanctuarul lui Dumnezeu și să fim singuri cu El.

Acest lucru se aplică în special când ne aflăm în mijlocul suferințelor și întunericului.

Cele rostite de Părinții Deșertului provin de la bărbați și femei care au fugit în deșert ca la un sanctuar, pentru a-L căuta pe Dumnezeu din toată inima. În cele din urmă, ei au format comunități bazate pe o „Regulă de Viață." Iată câteva dintre învățăturile pe care le-au lăsat după ei. Citește-le încet și cu atenție. (Termenul antic „chilie" este folosit pentru a desemna un loc liniștit, intim, folosit pentru a fi în prezența lui Dumnezeu).

Sfântul Anton a spus... „după cum peștii mor atunci când stau prea mult afară din apă, tot la fel călugării care trândăvesc în afara chiliilor lor sau își petrec timpul cu oameni lumești, își pierd tăria păcii lăuntrice. Așadar, ca un pește care se grăbește spre mare, trebuie să ne grăbim să ajungem în chilia noastră, de teamă că dacă întârziem afară vom înceta să mai fim veghetori înlăuntrul nostru."[78]

Abatele Păstor a spus: „Orice încercare care vine asupra ta poate fi biruită prin tăcere."[79]

Un frate s-a dus la Abatele Moise din Schetia și i-a cerut un sfat. Bătrânul i-a spus: „Du-te, stai în chilia ta, și chilia ta te va învăța totul."[80]

Întrebare pentru meditație

În ce fel crezi că a pune deoparte timp pentru a fi singur cu Dumnezeu în tăcere ar putea să „te învețe totul", și de ce?

Rugăciune

Doamne, Tu știi cât de ușor și de repede îmi pierd simțul lăuntric al prezenței Tale. Dă-mi pace pentru restul zilei de astăzi, pentru a liniști zgomotele din exterior din jurul meu și a putea să aud căldura vocii tale. Mă rog în numele Tatălui, al Fiului și al Duhului Sfânt, amin.

Încheie cu un timp de tăcere (2 minute)

Spiritualitatea emoțională zilnică

ZIUA 2: OFICIUL DE DIMINEAȚĂ/AMIAZĂ

Tăcere, liniște și focalizare în prezența lui Dumnezeu (2 minute)

Pasaj din Scriptură: Fapte 2:42-47

Ei stăruiau în învățătura apostolilor, în legătura frățească, în frângerea pâinii și în rugăciuni. Fiecare era plin de frică, și prin apostoli se făceau multe minuni și semne. Toți cei ce credeau erau împreună la un loc și aveau toate de obște. Își vindeau ogoarele și averile, și banii îi împărțeau între toți, după nevoile fiecăruia. Toți împreună erau nelipsiți de la Templu în fiecare zi, frângeau pâinea acasă și luau hrana cu bucurie și curăție de inimă. Ei lăudau pe Dumnezeu și erau plăcuți înaintea întregului norod. Și Domnul adăuga în fiecare zi la numărul lor pe cei ce erau mântuiți.

Devoțiune

Afirmația principală pe care doresc să o fac e că noi putem deveni asemenea lui Hristos făcând un singur lucru – urmându-L pe El în totalitatea stilului de viață pe care L-a ales pentru Sine. Dacă avem credință în Hristos, trebuie să credem că El a știut cum să trăiască. Prin credință și prin har, putem deveni ca Hristos, practicând tipurile de activități pe care le-a avut El, aranjând viețile noastre în totalitate în jurul activităților în care S-a angajat El, pentru a rămâne necontenit acasă în părtășie cu Tatăl Său.

Ce activități a practicat Isus? Printre acestea se numără solitudinea, tăcerea, rugăciunea, o viață simplă, de sacrificiu, studiul și meditația intensă asupra Cuvântului lui Dumnezeu și a căilor Sale, precum și slujirea altora. Unele dintre aceste lucruri ne vor fi chiar mai necesare nouă decât i-au fost Lui, din cauză că am putea avea o mai mare nevoie de ele sau pentru că nevoia noastră este diferită.

Așadar, dacă dorim să-L urmăm pe Hristos – și să umblăm într-un jug ușor cu El – va trebui să adoptăm în totalitate stilul Lui de viață, în ansamblu. Atunci, și doar atunci, putem avea o așteptare rezonabilă de a ști cât de ușor e jugul Său și cât de ușoară e sarcina Sa.

- Dallas Willard[81]

Întrebare pentru meditație

Ce ți-a vorbit în mod deosebit când ai citit despre stilul de viață al creștinilor din Biserica Primară, din Fapte, și despre modul în care ei au căutată să urmeze viața lui Isus?

Rugăciune

Doamne, Tu spui că jugul tău e bun și sarcina ta e ușoară (Matei 11:30), totuși simt deseori că viața pe care o trăiesc e dificilă și grea. Arată-mi activitățile, deciziile, prioritățile și relațiile care nu fac parte din viața pe care Tu dorești să o trăiesc astăzi. Îmi supun viața domniei și căilor Tale. Mă rog în numele Tău, amin.

Încheie cu un timp de tăcere (2 minute)

ZIUA 2: OFICIUL DE AMIAZĂ/SEARĂ

Tăcere, liniște și focalizare în prezența lui Dumnezeu (2 minute)

Pasaj din Scriptură: Psalmii 63:1-5

Dumnezeule, Tu ești Dumnezeul meu,
   pe Tine Te caut!
Îmi însetează sufletul după Tine,
   îmi tânjește trupul după Tine,
într-un pământ sec,
   uscat și fără apă.
Așa Te privesc Eu în Locașul cel Sfânt
   ca să-Ți văd puterea și slava.
Fiindcă bunătatea Ta prețuiește mia mult decât viața,
   de aceea buzele mele cântă laudele Tale.
Te voi binecuvânta, dar, toată viața mea,
   și în numele Tău îmi voi ridica mâinile.
Mi se satură sufletul ca de niște bucate grase și miezoase,
   și gura mea Te laudă cu strigăte de bucurie pe buze.

Devoțiune

Grigore de Nyssa, marele episcop și teolog din secolul patru, a susținut că în noi există o tânjire necontenită după frumusețea și splendoarea infinită a lui Dumnezeu. El a scris: „Noi suntem conduși la Dumnezeu

Spiritualitatea emoțională zilnică

de dorință. Suntem trași în sus către El ca de o funie." Când sufletul întrezărește un crâmpei din frumusețea lui Dumnezeu, el tânjește să vadă mai mult. Scrierile lui sunt pline de imagini care descriu tânjirea noastră după Dumnezeu: un îndrăgostit care cere încă un sărut, o persoană ce gustă ceva dulce, a cărui dorință poate fi satisfăcută doar atunci când gustă încă o dată acea dulceață, precum și amețeala pe care cineva o poate trăi când stă la marginea unei prăpastii, privind la imensitatea spațiului ce-i stă în față.

Grigore compară contemplarea lui Dumnezeu cu o persoană care privește la un izvor care țâșnește gâlgâind din pământ:

Când te apropii de izvor te minunezi, văzând că apa nu se termină, că țâșnește mereu în sus, scurgându-se mai departe. Totuși, nu poți spune că ai văzut toată apa. Cum ai putea vedea ceea ce e încă ascuns în măruntaiele pământului? Ca urmare, indiferent cât ai sta privind la izvor, tu doar ai începe mereu să privești la apă... Tot la fel e și cu cel care își ațintește privirea la frumusețea infinită a lui Dumnezeu. Ea e descoperită mereu într-un chip nou, și e văzută întotdeauna ca fiind ceva nou și ciudat, în comparație cu ceea ce mintea a văzut și a înțeles deja. Pe măsură ce Dumnezeu continuă să se reveleze, omul continuă să se minuneze; dorința lui de a vedea mai mult nu se istovește, întrucât ceea ce așteaptă să vadă e întotdeauna mai măreț și mai divin decât ceea ce a văzut deja.[82]

Întrebare pentru meditație

Când îți poți găsi timp, în decursul săptămânii, pentru a „privi la frumusețea infinită a lui Dumnezeu"?

Rugăciune

Doamne, arată-mi în ziua de astăzi un crâmpei chiar mai bogat din frumusețea și farmecul tău infinit. Mă rog în numele lui Isus, amin.

Încheie cu un timp de tăcere (2 minute)

ZIUA 3: OFICIUL DE DIMINEAȚĂ/AMIAZĂ

Tăcere, liniște și focalizare în prezența lui Dumnezeu (2 minute)

Pasaj din Scriptură: 1 Tesaloniceni 5:16-22

Bucurați-vă întotdeauna. Rugați-vă neîncetat. Mulțumiți lui Dumnezeu pentru toate lucrurile; căci aceasta este voia lui Dumnezeu, în Hristos Isus, cu privire la voi. Nu stingeți Duhul. Nu disprețuiți proorociile. Ci cercetați toate lucrurile și păstrați ce este bun. Feriți-vă de orice se pare rău.

Devoțiune

Foc

Ceea ce face focul să ardă
e spațiul dintre lemne,
un loc pentru a respira.

Un lucru bun în exces,
prea multe lemne
adunate prea strâns laolaltă
pot stinge flăcările
aproape tot la fel
ca o găleată de apă.

De aceea, focul trebuie făcut
fiind tot atât de atent
la spațiile dintre lemne,
ca la lemnele în sine.

Când reușim să zidim
spații deschise
tot la fel
cum am învățat
să clădim lemnele unul peste altul,
atunci putem vedea cum
combustibilul, și absența lui
ajută, împreună, focul să ardă.[83]

Întrebare pentru meditație

Cum s-ar schimba lucrurile dacă tu ai practica „clădirea unor spații deschise" în viața ta?

Spiritualitatea emoțională zilnică

Rugăciune

Doamne, am nevoie de spațiu pentru a respira. Am prea multe lucruri de care trebuie să mă ocup, prea multe lemne pe foc. Arată-mi cum pot crea spațiu în viața mea, și fie ca focul prezenței Tale să ardă în și prin mine. Mă rog în numele lui Isus, amin.

Încheie cu un timp de tăcere (2 minute)

ZIUA 3: OFICIUL DE AMIAZĂ/SEARĂ

Tăcere, liniște și focalizare în prezența lui Dumnezeu (2 minute)

Pasaj din Scriptură: Psalmii 27:3-4

Chiar o oștire de ar tăbărî împotriva mea,
inima mea tot nu s-ar teme.
Chiar război de s-ar ridica împotriva mea,
tot plin de încredere aș fi.
Un lucru cer de la Domnul și-l doresc fierbinte:
aș vrea să locuiesc toată viața mea în Casa Domnului,
ca să privesc frumusețea Domnului
și să mă minunez de templul Lui.

Devoțiune

Lucrul cel mai uimitor cu privire la acest psalm este ceea ce face David atunci când este împresurat de oști și de dușmani gata să-l omoare, pe el și pe familia lui. El nu cere biruință, înțelepciune sau schimbarea împrejurărilor. Dimpotrivă, el se liniștește pentru a-L căuta pe Dumnezeu, pentru a locui cu El și a reflecta asupra frumuseții Lui.

Noi toți avem nevoie de o ocazie pentru a fi singuri, stând în tăcere, sau chiar să găsim un loc liber în timpul zilei sau săptămânii, doar pentru a reflecta și a asculta vocea lui Dumnezeu care vorbește adânc înlăuntrul nostru... De fapt, când Îl căutăm pe Dumnezeu noi doar răspundem la faptul că El ne caută pe noi. El bate la ușa noastră, însă în cazul multora, ei sunt prea preocupați cu viețile lor pentru a putea să audă.

-Cardinalul Basil Hume[84]

Întrebare pentru meditație

În ce moduri s-ar putea ca Dumnezeu să te caute astăzi – bătând la ușa vieții tale?

Rugăciune

Doamne, o parte din mine tânjește atât de mult să fie singură cu Tine. O altă parte din mine vrea să fugă și să evite a petrece timp cu Tine, cu orice preț. Îți mulțumesc pentru această ocazie de a mă opri astăzi și de a Te asculta. Îți mulțumesc pentru că continui să bați la ușa mea – mai ales când sunt prea neliniștit sau prea departe pentru a Te auzi. Dă-mi, Te rog, o inimă ca a lui David – o inimă care tânjește după Tine cu adevărat, mai presus de orice altceva în viața aceasta. Mă rog în numele lui Isus, amin.

Încheie cu un timp de tăcere (2 minute)

ZIUA 4: OFICIUL DE DIMINEAȚĂ/AMIAZĂ

Tăcere, liniște și focalizare în prezența lui Dumnezeu (2 minute)

Pasaj din Scriptură: Psalmii 119:27-32

Fă-mă să pricep calea poruncilor Tale,
    și voi cugeta la lucrurile Tale cele minunate.
Îmi plânge sufletul de durere:
    ridică-mă, după cuvântul Tău!
Depărtează-mă de calea credincioșiei, către Tine,
    și dă-mi îndurarea Ta, ca să urmez Legea Ta!
Mă țin de învățăturile Tale, Doamne,
    nu mă lăsa de rușine!
Alerg pe calea poruncilor Tale,
    căci îmi scoți inima la larg.

Devoțiune

„Regula de viață" cea mai renumită din lumea vestică e Regula Sfântului Benedict, scrisă în secolul al șaselea. Într-o lume non-stop, distrasă, cum e cea în care trăim, o „Regulă de viață" aduce echilibru și simplitate, chemându-ne la o viață care caută toate lucrurile într-o măsură adecvată: munca, rugăciunea, solitudinea și relațiile.

Spiritualitatea emoțională zilnică

Benedict își începe Regula cu o chemare la a asculta și o invitație la supunere față de Dumnezeu:

Ascultă cu băgare de seamă, fiule, la învățăturile stăpânului și pleacă-ți urechea inimii la ele. Acesta e un sfat de la un tată care te iubește; primește-l și pune-l cu credincioșie în practică. Truda ascultării te va aduce înapoi la Cel de la care ai alunecat prin lenevia neascultării. Mesajul acesta e pentru tine, așadar, dacă ești gata să renunți la voința ta, o dată pentru totdeauna, și înarmat cu armele puternice și nobile ale ascultării să te lupți pentru adevăratul Rege, Hristos Domnul...

De aceea noi intenționăm să stabilim o școală pentru slujirea Domnului... Nu te lăsa imediat intimidat de frică, fugind de calea care duce la mântuire. Ea va fi îngustă de la început. Însă, pe măsură ce progresăm în acest mod de viață și în credință, vom alerga pe cărarea poruncilor lui Dumnezeu, cu inimile revărsându-se de încântarea negrăită a dragostei.[85]

Întrebare pentru meditație

Ce ar însemna pentru tine ca tu să „alergi pe cărarea poruncilor lui Dumnezeu"?

Rugăciune

Doamne, Tu știi că trăiesc într-o lume complexă, care nu se oprește niciodată. Ajută-mă să fiu echilibrat cu privire la solicitările pe care le primesc astăzi, aducându-mi aminte de Tine în timp ce lucrez și păstrându-te pe Tine în centrul tuturor lucrurilor pe care le fac. Mă rog în numele lui Isus, amin.

Încheie cu un timp de tăcere (2 minute)

ZIUA 4: OFICIUL DE AMIAZĂ/SEARĂ

Tăcere, liniște și focalizare în prezența lui Dumnezeu (2 minute)

Pasaj din Scriptură: Psalmii 139:1-6

Doamne, Tu mă cercetezi de aproape
și mă cunoști.
Știi când stau jos și când mă scol,

şi de departe îmi pătrunzi gândul.
Ştii când umblu şi când mă culc,
şi cunoşti toate căile mele.
Căci nu-mi ajunge cuvântul pe limbă,
şi Tu, Doamne, îl şi cunoşti în totul.
Tu mă înconjori pe dinapoi şi pe dinainte
şi-Ţi pui mâna peste mine.
O ştiinţă atât de minunată este mai presus de puterile mele:
este prea înaltă ca s-o pot prinde.

Devoţiune

Sf. Patrick (389-461 d.Hr.), de origine din Britania şi crescut creştin, a fost vândut ca sclav în Irlanda timp de şase ani. Când a scăpat, el a fost ordinat ca episcop şi s-a întors în Irlanda, călătorind mult, evanghelizând neobosit şi organizând biserici şi mănăstiri. Misiunea lui în Irlanda a marcat un important punct de cotitură în istoria misiunilor din Imperiul Roman.[86]

Rugăciunea Sfântului Patrick
Mă scol astăzi
În puterea lui Dumnezeu, să mă îndrume
tăria lui Dumnezeu să mă ţină,
înţelepciunea lui Dumnezeu să mă călăuzească,
ochiul lui Dumnezeu să mă vegheze,
urechea lui Dumnezeu să mă audă,
cuvântul lui Dumnezeu să-mi vorbească,
mâna lui Dumnezeu să mă păzească,
calea lui Dumnezeu să-mi stea înainte,
scutul lui Dumnezeu să mă protejeze,
oastea lui Dumnezeu să mă salveze
de cursele diavolului,
de ispitele patimilor,
de toţi cei ce-mi doresc răul,
de aproape ori de departe,
fie singur ori în mulţime...
Hristos cu mine, Hristos înainte, Hristos în urmă,
Hristos în mine, Hristos dedesubt, Hristos deasupra,
Hristos la dreapta, Hristos la stânga,
Hristos când mă culc, Hristos când stau aşezat,

Spiritualitatea emoțională zilnică

> Hristos în inima tuturor celor ce se gândesc la mine,
> Hristos în gura tuturor celor ce vorbesc cu mine,
> Hristos în ochiul celor care se uită la mine,
> Hristos în urechea care mă aude.
> Mă ridic astăzi
> într-o putere nemărginită, chemând Sfânta Treime,
> prin credința în Trei, mărturisirea Unuia,
> a Creatorului ce a creat toate lucrurile.[87]

Întrebare pentru meditație

Care versuri din rugăciunea Sfântului Patrick îți vorbesc? Poartă-le astăzi în inima ta.

Rugăciune

Doamne, Îți mulțumesc pentru prezența Ta încurajatoare, care mă înconjoară. Acest lucru e aproape prea minunat pentru ca eu să-l înțeleg! Mărește-mi, prin Duhul Sfânt, capacitatea de a rămâne în prezența Ta în tot restul acestei zile. Mă rog în numele lui Isus, amin.

Încheie cu un timp de tăcere (2 minute)

ZIUA 5: OFICIUL DE DIMINEAȚĂ/AMIAZĂ

Tăcere, liniște și focalizare în prezența lui Dumnezeu (2 minute)

Pasaj din Scriptură: Romani 8:14-17

Căci toți cei ce sunt călăuziți de Duhul lui Dumnezeu sunt fii ai lui Dumnezeu. Și voi n-ați primit un duh de robie, ca să mai aveți frică; ci ați primit un duh de înfiere, care ne face să strigăm: „Ava, adică: Tată!" Însuși Duhul adeverește împreună cu duhul nostru că suntem copii ai lui Dumnezeu. Și, dacă suntem copii, suntem și moștenitori: moștenitori ai lui Dumnezeu și împreună moștenitori cu Hristos, dacă suferim cu adevărat împreună cu El, ca să fim și proslăviți împreună cu el.

Devoţiune

Isus I s-a adresat mereu lui Iehova Cel Atotputernic, veşnic şi infinit cu numele de „Ava", un cuvânt intim, cald, familiar, aşa cum un copil se adresează cu apelativul „Tati." Esenţa evangheliei este că Isus le dă ucenicilor autoritatea de a I se adresa lui Dumnezeu ca Tată. Şi noi suntem, prin Isus, copiii Tatălui.

Spiritualitatea contemplativă ne duce spre o relaţie mai matură cu Dumnezeu. Noi progresăm, de la o atitudine de genul „dă-mi, dă-mi, dă-mi" a unui copil mic la un mod mai matur de a ne raporta la Dumnezeu, în care noi ne găsim plăcerea în a fi cu El ca „Ava Tată." Iată cum poate fi descris modul în care progresăm spre o astfel de relaţie:

- Vorbind către Dumnezeu: Aceasta este pur şi simplu repetarea papagalicească a ceea ce părinţii sau persoanele cu autoritate din viaţa noastră ne-au spus să ne rugăm. De exemplu, „Binecuvântează, Doamne, aceste daruri de mâncare pe care le primim de la Tine prin Hristos Domnul nostru, amin."

- Vorbitul lui Dumnezeu: Ne vine mai uşor să-I vorbim lui Dumnezeu folosind cuvintele noastre proprii, în loc de a folosi rugăciunile făcute de altcineva din copilărie. De exemplu: „Dă-mi, dă-mi, dă-mi mai mult, Doamne."

- Auzirea lui Dumnezeu: În acest punct noi începem să auzim vocea lui Dumnezeu, şi să ne bucurăm de o relaţie cu El în care Îi vorbim, dar Îi şi auzim vocea.

- Timp petrecut în prezenţa lui Dumnezeu: În final, noi pur şi simplu ne găsim plăcerea în a fi în prezenţa lui Dumnezeu – care ne iubeşte. Această activitate este mult mai importantă decât orice altă activitate pe care am putea-o face cu El. Prezenţa Lui face ca viaţa noastră să fie Împlinită, în întregime.[88]

Întrebare pentru meditaţie

Care sunt temerile pe care le ai, pe care le poţi încredinţa lui Ava, Tatăl, astăzi?

Spiritualitatea emoțională zilnică

Rugăciune

Doamne, eu cred că doar atunci când îmi trăiesc viața în prezența Ta pot avea o viață împlinită. Totuși nu știu cum să ajung la acest punct în umblarea mea spirituală. Vreau să cresc în relația mea cu Tine, și să depășesc relația de genul „dă-mi, dă-mi." Umple-mă de Duhul Sfânt, pentru a putea să învăț să fiu cu Tine și să încetez să mai vin la Tine doar pentru darurile și binecuvântările Tale. Mă rog în numele lui Isus, amin.

Încheie cu un timp de tăcere (2 minute)

ZIUA 5: OFICIUL DE AMIAZĂ/SEARĂ

Tăcere, liniște și focalizare în prezența lui Dumnezeu (2 minute)

Pasaj din Scriptură: 1 Ioan 4:7-12

Preaiubiților, să ne iubim unii pe alții; căci dragostea este de la Dumnezeu. Și oricine iubește este născut din Dumnezeu și cunoaște pe Dumnezeu. Cine nu iubește n-a cunoscut pe Dumnezeu; pentru că Dumnezeu este dragoste. Dragostea lui Dumnezeu față de noi s-a arătat prin faptul că Dumnezeu a trimis în lume pe singurul Său Fiu, ca noi să trăim prin El. Și dragostea stă nu în faptul că noi am iubit pe Dumnezeu, ci în faptul că El ne-a iubit pe noi și a trimis pe Fiul Său ca jertfă de ispășire pentru păcatele noastre. Preaiubiților, dacă astfel ne-a iubit Dumnezeu pe noi, trebuie să ne iubim și noi unii pe alții. Nimeni n-a văzut vreodată pe Dumnezeu; dacă ne iubim unii pe alții, Dumnezeu rămâne în noi, și dragostea Lui a ajuns desăvârșită în noi.

Devoțiune

Dumnezeu are o cărare diferită pentru fiecare din noi. Rugăciunea mea de încheiere pentru tine este ca să fii credincios în cărarea ta. E o tragedie să trăiești viața altcuiva. Știu ce înseamnă acest lucru, pentru că l-am făcut ani de zile.

Aș vrea să închei cu o istorisire preluată de la Carlo Carretto (1910-1988), un membru al comunității „Little Brothers of Jesus", care a trăit timp de zece ani printre Musulmanii din Africa de Nord. El a scris că, într-o zi, pe când călătorea cu cămila prin deșertul Saharei, a dat de cincizeci de oameni care trudeau, în arșița soarelui, la repararea unui drum. Când Carlo le-a oferit apă, spre surprinderea lui, l-a văzut printre ei pe Paul, un alt membru al frăției.

Paul fusese inginer în Paris, unde lucrase la dezvoltarea bombei atomice în beneficiul Franței. Dumnezeu îi ceruse să lase totul și să devină un „Little Brother of Jesus" în Africa de Nord. La un moment dat, mama lui Paul i-a cerut lui Carlo să o ajute să înțeleagă ce se întâmplă în viața fiului ei.

„Eu l-am făcut inginer", a zis ea. „De ce nu poate să lucreze ca intelectual în biserică? N-ar fi asta mai folositor?"

Paul s-a mulțumit să se roage și să dispară, pentru Hristos, în Deșertul Saharei.

La rândul lui, Carlo s-a întrebat: „Care e locul meu în marea lucrare de evanghelizare a Bisericii?" Și-a dat singur răspunsul:

„Locul meu a fost acolo, printre cei săraci. În biserică se aflau unii care aveau sarcina de a zidi, hrăni, predica... Domnul mi-a cerut să fiu un sărac printre săraci, un muncitor printre muncitori. E greu să-i judeci pe alții... însă există un adevăr de care trebuie să ne ținem cu disperare, iar acela e dragostea."

Dragostea e cea care ne justifică acțiunile. Dragostea trebuie să inițieze tot ceea ce facem. Dacă Fratele Paul a ales să moară, din dragoste, pe un drum al deșertului, a făcut asta într-un mod justificat. Dacă, din dragoste... alții construiesc școli și spitale, ceea ce fac ei e un lucru justificat. Dacă, din dragoste... învățații își petrec viețile printre cărți, ceea ce fac ei e un lucru justificat... Domnul mi-a cerut să fiu un sărac printre săraci, un muncitor printre muncitori...

Pot doar să spun: „Trăiește dragostea, lasă ca dragostea să-ți invadeze viața. Ea te va învăța întotdeauna ce trebuie să faci, fără a da greș."[89]

Întrebare pentru meditație

Cum ar sta lucrurile dacă ai fi invadat și umplut de dragostea lui Dumnezeu, care te-ar călăuzi la ceea ce „trebuie să faci"?

Rugăciune

Doamne, văd că sunt multe lucruri în mine care trebuie să se schimbe. Fie ca dragostea Ta să mă invadeze. Dă-mi curajul de a urma cu credincioșie cărarea unică pe care o ai pentru viața mea – indiferent unde ar putea să ducă, și indiferent de schimbările pe care vrei să le faci în mine. Mă rog în numele lui Isus, amin.

Încheie cu un timp de tăcere (2 minute)

Anexa A: Rugăciunea Tatăl Nostru

Meditează la fiecare expresie a rugăciunii. Nu te grăbi când faci acest lucru; fă o pauză după fiecare rând.

Tatăl nostru

care ești în ceruri,

Sfințească-Se numele Tău.

Vie împărăția Ta

Facă-se voia Ta

Precum în cer și pe pământ.

Pâinea noastră cea de toate zilele dă-ne-o nouă astăzi.

Și ne iartă nouă greșelile noastre,

Precum și noi iertăm greșiților noștri

Și nu ne duce în ispită,

Ci izbăvește-ne de cel rău.

Anexa B: Rugăciunea prin respirație

Rugăciunea prin respirație e o practică creștină antică ce își are originea în primele secole ale bisericii. Ea a fost dezvoltată pe baza pildei fariseului și a vameșului din Luca 18:9-14 și e inspirată de implorarea îndurării lui Dumnezeu din rugăciunea vameșului: „Doamne Isuse, Fiul lui Dumnezeu, ai milă de mine, păcătosul." Fiecare cuvânt al acestui tip de rugăciune e rostit în timpul respirației, al aspirării sau degajării aerului. Am descoperit că rugăciunea prin respirație e o practică folositoare mai ales când sunt distras, în timp ce vin înaintea Domnului pentru a sta în tăcere și liniște înaintea Lui.

Rugăciunea prin respirație se aseamănă cu rugăciunea în tăcere, din cauză că, atunci când o facem, noi nu încetăm să respirăm. Așadar, ea poate fi făcută oricând! În Scriptură, respirația e o metaforă pentru Duhul lui Dumnezeu. Dumnezeu dă viață prin suflare (Geneza 2:7) și tot prin ea Isus dă Duhul Sfânt ucenicilor (Ioan 20:22).

Iată câteva îndrumări[90] care te vor ajuta să practici rugăciunea prin respirație:

- Stai drept într-un loc tăcut. Concentrează-ți atenția asupra respirației tale.

- Respiră din diafragmă, permițând abdomenului să se ridice și să coboare cu ușurință. Nu-ți forța respirația și nu respira prea rapid.

- Oricând gândurile o iau într-o altă direcție, concentrează-ți atenția din nou asupra respirației tale. În timp ce aspiri aerul, cere-I lui Dumnezeu să te umple cu Duhul vieții. În timp ce îl degajezi, eliberează orice lucru care nu e de la El.

- Când îți închei timpul de a sta în tăcere, oprește-te pentru a-I mulțumi lui Dumnezeu pentru timpul pe care l-ai petrecut cu El.

Anexa C: 10 întrebări puse frecvent cu privire la practicarea tăcerii

1. De ce practicarea tăcerii e atât de grea?

Imaginează-ți că, în tot decursul vieții tale, nu ai făcut niciodată exerciții fizice, iar dintr-odată încerci să sprintezi un kilometru. Ar fi foarte greu să faci așa ceva. Totuși, dacă ai continua să exersezi, în decursul timpului ar deveni mai ușor. Același lucru e adevărat atunci când e vorba de a exersa mușchiul spiritual care te ajută să Îi acorzi atenție lui Dumnezeu prin tăcere. Dumnezeu e cel care ne poruncește să stăm liniștiți în prezența Lui (Psalmii 37:7; 46:10). Asta înseamnă că Dumnezeu ne-a dat și capacitatea de a-L căuta în modul acesta. De fapt, fiecare ființă umană are o dimensiune contemplativă care tânjește, de fapt, să stea în tăcere în prezența lui Dumnezeu. A avea o relație cu Dumnezeu presupune ca noi să ne oprim să vorbim fără întrerupere, pentru a dezvolta capacitatea de a ne bucura, pur și simplu, de a fi în prezența Lui.

2. În ce fel diferă petrecerea timpului în tăcere de meditația orientală, de practici ale mișcării New Age sau de programe de meditație seculare?

Nu trebuie să ne surprindă faptul că alte religii practică tăcerea. Multe alte religii au închinare în comun, texte sau scripturi sacre și discipline spirituale etc. Diferența semnificativă dintre meditația creștină și alte feluri de meditație constă în faptul că noi nu încercăm să ne golim mințile pentru a nu mai avea nimic în ele sau să atingem o stare modificată a conștiinței. Dimpotrivă, noi practicăm tăcerea pentru a ne concentra mințile asupra lui Dumnezeu și pentru a petrece timp în prezența Lui. Acest tip de rugăciune nu e nou și nu aparține mișcării New Age. Rădăcinile ei se extind în Scriptură până în timpul lui Moise și Ilie, continuă în Noul Testament cu Ioan Botezătorul și Isus și rămân parte din practica bisericii timp de peste două mii de ani de istorie creștină. În tăcere, noi pur și simplu stăm în prezența Dumnezeului lui Avraam, Isac și Iacov. Mai mult, acest fel de rugăciune face parte din

Spiritualitatea emoțională zilnică

cadrul mai larg al vieții noastre de rugăciune, împreună cu închinarea, mărturisirea, rugăciunile de cerere etc.

3. Cât timp ar trebui să petrec în tăcere în fiecare zi?

În trecut obișnuiam să recomand petrecerea a două minute pe zi în tăcere, însă recent am început să recomand a începe cu cinci minute și a mări acest timp în mod gradat, până la petrecerea a zece până la douăzeci de minute pe zi în tăcere. Eu petrec douăzeci de minute în tăcere ca parte a Oficiului (timpului de rugăciune) de dimineață. Pentru mine, cel mai bun timp e dimineața devreme, înainte să înceapă activitățile zilei, însă nu oricine poate face acest lucru. Eu integrez, de asemenea, timpuri mai scurte (de unu până la zece minute) de tăcere în timpul Oficiilor mele de amiază și de seară. O mare parte din cercetările făcute în ultimii cincisprezece ani au confirmat faptul că tăcerea și meditația ajută la refacerea circuitelor creierului, ajutându-ne să devenim mai conștienți, să avem mai multă empatie pentru alții și să reducem stresul.[91]

4. Ce pot face atunci când gândurile rătăcesc în alte direcții?

Aceasta este dificultatea cea mai mare cu care se confruntă cei mai mulți oameni. Nu ești singurul! Mințile noastre pot rătăci de o sută de ori în decursul unei perioade de cinci minute. Iată trei lucruri pe care le fac atunci când îmi rătăcesc gândurile. Mai întâi, înainte de a începe un timp de tăcere, petrec timp citind Scriptura, un pasaj devoțional sau scriind într-un jurnal, dacă am multe lucruri în minte. Acest lucru mă ajută să mă concentrez și permit gândurilor mele să se așeze la locul lor, înainte de a-mi începe timpul de tăcere.

În al doilea rând, când gândurile mele rătăcesc în altă direcție, eu îmi concentrez din nou atenția asupra respirației, atât asupra inhalării aerului și a degajării lui, ca daruri ale lui Dumnezeu. Concentrarea asupra ritmului respirației, al inhalării și degajării, e o practică folosită destul de frecvent de creștinii ortodocși și e menționată de obicei în medii seculare ca fiind o metodă de dezvoltare a ceea ce se numește focalizarea atenției. În final, eu mă concentrez asupra unui singur cuvânt, cum ar fi Ava, sau Isus, pentru a-mi concentra din nou gândurile mele conştiente asupra lui Hristos. Acest lucru mă ajută să rămân ancorat în El.

5. Ce să fac dacă nu am un loc liniştit acasă sau la lucru?

Noi putem experimenta tăcerea interioară chiar atunci când nu putem avea linişte exterioară. E greu de crezut, însă eu am practicat tăcerea în prezenţa Domnului chiar în locuri gălăgioase, cum ar fi Times Square, pe metrou, autobuze, avioane, pe scări rulante, pe bănci din parc, la stopuri de odihnă de pe autostradă, în maşină, pe plajă şi în aflându-mă singur în biserică. Cunosc profesori de şcoală care folosesc în acest scop încăperi mici de la lucru, lucrători ai societăţilor de salubritate care îşi folosesc camioanele şi studenţi care se folosesc de biblioteci.

6. Care sunt lucrurile care m-ar putea ajuta să cresc în practicarea acestui lucru?

Uneori, pentru a simboliza prezenţa lui Hristos cu mine, aprind o lumânare. În fiecare dimineaţă folosesc cronometrul de pe telefon, pe care îl reglez la douăzeci de minute. În alte timpuri ale zilei îl reglez la trei sau cinci minute, în funcţie de limitele timpului pe care îl am la dispoziţie. Scriptura e un component de bază al timpului pe care Îl petrec cu Dumnezeu – fie înainte sau după timpul de tăcere. Pe măsură ce mi-am lărgit timpul de tăcere, meditarea asupra Scripturii, memorarea, studierea şi citirea ei au devenit experienţe tot mai bogate. De asemenea, am în birou un scaun special pe care îl folosesc, ceea ce îmi dă sentimentul unui spaţiu sacru, pus deoparte.

7. Dacă nu-L aud pe Dumnezeu atunci când stau în tăcere, înseamnă că fac ceva greşit?

Scopul petrecerii unui timp în tăcere nu e numaidecât de a-L auzi pe Dumnezeu, ci de a fi cu El. Când petrec timp în tăcere, nu caut călăuzire, deşi ea vine deseori. Totuşi, am descoperit că Dumnezeu spune multe lucruri când stau în tăcere! O parte din maturizarea în Hristos constă a nu judeca timpul petrecut cu El pe baza a ceea ce simţim. Scopul e de a fi cu Isus, nu de a avea o experienţă în care să „ne simţim bine." Beneficiile petrecerii unui timp de linişte depăşesc timpul de tăcere în sine (de exemplu, devenim mai conştienţi de Dumnezeu şi de noi înșine în decursul zilei, ne simțim mai centrați și mai puțin susceptibili la a acționa pe baza unor impulsuri, avem un sentiment mai profund de pace etc). Simplul fapt că noi ne facem timp pentru a fi cu Isus în tăcere, într-un mod consecvent, exprimă faptul că ne încredem în El și ne bizuim pe El.

8. Ce să fac dacă nu am timp suficient, și mă grăbesc?

Eu mă adaptez la timpul pe care îl am. De exemplu, dacă am doar zece minute pentru rugăciunea de amiază, îmi structurez timpul limitat pe care îl am pe baza a ceea ce am nevoie pentru a avea comuniune cu Isus. Pot avea un timp de tăcere și de citire a Scripturii mai lung sau mai scurt. Scopul nu e pur și simplu de a „trece prin" citirea Scripturii sau timpul alocat tăcerii. Scopul nostru este de a fi cu Isus, indiferent de timpul pe care îl avem.

9. Ce să fac dacă am practicat tăcerea un timp, însă mă simt plictisit și doresc să renunț?

Sunt multe lucruri pe care le poți învăța despre mișcările interioare ale inimii tale și tăcerea în prezența lui Dumnezeu. Începutul e deseori pasul cel mai dificil, tot la fel ca a începe să faci exerciții fizice sau orice alt obicei pentru care e nevoie de planificare și efort. Totuși, dacă nu renunți, există șansa ca tu să te miri – așa cum au făcut-o alții înaintea ta – cum ai trăit înainte fără a practica acest lucru. Dacă te simți plictisit, te încurajez să cauți alte surse de inspirație și alte resurse. Poți începe prin examinarea materialelor pentru Focalizarea în Rugăciune ale lui Thomas Keating (disponibile pe site-ul www. contemplativeoutreach.org). Te încurajez, de asemenea, să cauți să consulți acei autori evanghelici care scriu în prezent despre integrarea tăcerii, liniștii și solitudinii în mijlocul vieților noastre active.

10. De ce trebuie să parcurg un timp de tăcere în fiecare zi? Nu e suficient să o fac o dată sau de două ori pe an, când merg într-o tabără creștină?

Taberele sunt ocazii minunate de a ne „îndepărta" de rutina de zi cu zi și sunt totodată niște mijloace puternice de a progresa în relația noastră cu Isus. O întrebare importantă pe care ne-o putem pune în

Anexa C: 10 întrebări puse frecvent cu privire la practicarea tăcerii

fiecare din aceste tabere este ce schimbări dorește Dumnezeu să facem în viețile noastre. De exemplu, cum ar trebui eu să-mi ajustez ritmurile cu Dumnezeu? Care sunt lucrurile la care El mă cheamă în sezonul care urmează din viața mea? Roada acestor tabere trebuie să se găsească în practicile noastre de fiecare zi.

Cred că fiecare dintre noi avem nevoie să practicăm tăcerea și liniștea. De ce? Scopul nostru e de a cultiva relația noastră personală cu El – să fim cu Dumnezeu – supunându-ne voia noastră voii Lui, prezența noastră prezenței Lui, și acțiunile noastre acțiunilor Lui în fiecare zi. Din acest motiv, tăcerea și liniștea cu Dumnezeu sunt o practică fundamentală prin care noi ne poziționăm în așa fel încât Dumnezeu să-și facă în noi lucrarea Sa de transformare.

Note

Introducere

1. Pentru mai multe informații despre Oficiul Zilnic, vezi capitolul 6 din Peter Scazzero, *Emotionally Healthy Spirituality* (Grand Rapids: Zondervan, 2017), capitolul 6.
2. Timothy Fry, ed., RB 1980: *The Rule of St. Benedict in English* (Collegeville, Minn.: Liturgical Press, 1981), 65.
3. Pentru o explicație completă a unei uniuni iubitoare, vezi capitolul 4 din Peter Scazerro, *The Emotionally Healthy Leader: How Transforming Your Inner Life Will Deeply Transform your Church, Team, and the World* (Grand Rapids: Zondervan, 2015).
4. Pentru alte resurse, cum ar fi resurse video, un card pentru portofel ce poate fi descărcat, și mărturii ale celor care practică Oficiul Zilnic, vizitează www.emotionallyhealthy.org.

Săptămâna întâi: Problema spiritualității emoționale nesănătoase

5. Citat în Esther de Waal, *Lost in Wonder: Rediscovering the Spiritual Art of Attentiveness* (Liturgical Press, 2003), 19.
6. Mother Teresa, *A Simple Path* (New York: Ballantine Books, 1995), 7-8.
7. Eugene H. Peterson, *Under the Unpredictable Plant: An Exploration in Vocational Holiness* (Grand Rapids: Eerdmans, 1992), 15-16.
8. Thomas Merton, *The Wisdom of the Desert: Sayings from the Desert Fathers of the Fourth Century* (Boston: Shambhala, 1960, 2004), 1-2, 25-26.
9. R. Paul Stephens, *Down-to-Earth Spirituality: Encountering God in the Ordinary, Boring Stuff of Life* (Downers Grove: InterVarsity, 2003), 12.
10. Leighton Ford, *The Attentive Life: Discovering God's Presence in All Things* (Downers Grove: InterVarsity, 2008), 138-39, 173.

11. Scazzero, *Emotionally Healthy Spirituality*, 48-49.
12. Dan Allender şi Tremper Longman III, *The Cry of the Soul* (Dallas: Word, 1994), 24-25.
13. Eugene Peterson, *The Contemplative Pastor: Returning to the Art of Spiritual Direction* (Grand Rapids: Eerdmans, 1989), 18-19.
14. Scazzero, *Emotionally Healthy Spirituality*, 34.

Săptămâna a doua: Cunoaşte-te pe tine ca să-L cunoşti pe Dumnezeu

Scazzero, *Emotionally Healthy Spirituality*, 80-81.
15. Thomas Merton, *New Seeds of Contemplation* (New York: New Directions, 1987), 35.
16. Parker J. Palmer, *Let Your Life Speak: Listening to the Voice of Vocation* (San Franscisco: Jossey-Bass, 2000), 10-11.
17. Gillian R. Evans, trad., *Bernard of Clairvaux: Selected Works, Classics of Western Spirituality* (Mawhwah: Paulist Press, 1987), 47-94.
18. Richard J. Foster, *Streams of Living Water: Essential Practices from the Six Great Traditions of Christian Faith* (New York: HarperCollins, 1998), 25-32.
19. Henri Nouwen, *The Way of the Heart* (New York: Ballantine Books, 1981), 20.
20. Ibid., 25-28.
21. Palmer, *Let Your Life Speak*, 48-49.
22. Frederica Mathewes-Green, *First Fruits of Prayer: A Forty-Day Journey through the Canon of St. Andrew* (Brewster: publicată de author, 2006), xii-xiii.
23. M. Scott Peck, *A World Waiting to be Born: Civility Rediscovered* (New York: Bantam Books, 1993), 112-13.
24. Anthony de Mello, *The Song of the Bird* (New York: Doubleday, 1982), 96.

Săptămâna a treia: A merge înapoi pentru a merge înainte

25. Scazzero: *Emotionally Healthy Spirituality*, 109-10.

26. Lori Gordon cu Jon Frandsen, *Passage to Intimacy* (publicată de autor: ediţie revizuită, 2000), 157-158.

27. Thomas Keating, *Intimacy with God: An Introduction to Centering Prayer* (New York: Crossroads, 1996), 82-84.

28. John Michael Talbot with Steve Rabey, *The Lessons of Saint Francis: How to Bring Simplicity and Spirituality into Your Daily Life* (New York: Penguin Books, 1998), 246-47.

29. Scazzero, *Emotionally Healthy Spirituality*, 111-15.

30. Ibid.

31. Citat în Os Guiness, *The Call: Finding and Fulfilling the Central Purpose of Your Life* (Nashville: Word, 1998), 52.

32. Chaim Potok, *The Chosen* (New York: Ballantine, 1967), 284-85.

33. Parker J. Palmer, introducere la *Leading from Withing: Poetry that Sustains the Courage to Lead*, de Sam. M. Intrator şi Megan Scribner (San Francisco: Jossey-Bass, 2007), xxix-xxx.

34. Citat în Ronald W. Richardson, *Family Ties that Bind: A Self-Help Guide to Change through Family of Origin Therapy* (Bellingham: Self-Counsel Press, 1995), 35.

Săptămâna a patra: Călătoria prin zid

35. Michael Harter, S.J., ed., *Hearts on Fire: Praying with Jesuits* (Chicago: Loyola Press, 1993, 2005), 102-3.

36. Brian Kolodiejchuk, M.C., ed., *Mother Teresa: Come By My Light: The Private Writings of the Saint of Calcutta* (New York: Doubleday, 2007), 187, 211, 225.

37. Ibid., 215.

38. Scazzero, *Emotionally Healthy Spirituality*, 122-23.

39. Thomas Merton, *The Ascent to Truth* (New York: Harcourt Brace and Co., 1951), 188-89.

40. Wayne Muller, *Sabbath: Finding Rest, Renewal, and Delight in Our Busy Lives* (New York: Bantam, 1999), 187-88.

41. Richard Rohr cu Joseph Martos, *From Wild Man to Wise Man: Reflections on Male Spirituality* (Cincinnati: St. Anthony Messenger Press, 1990, 1996, 2005), 2.

42. Peter Scazzero, *The Emotionally Healthy Church* (Grand Rapids: Zondervan, 2003), 167.

43. Henry Nouwen, *In the Name of Jesus: Reflections on Christian Leadership* (New York: Crossroads Publishing, 1991), 62-64.

44. Oswald Chambers, *My Utmost for His Highest*, ed. James Reimann (Grand Rapids: RBC Ministries, 1935, 1992), devoțiune pentru 29 iulie.

Săptămâna a cincea Mărește-ți sufletul prin jelire și pierdere

45. Nicholas Wolterstoff, *Lament for a Son* (Grand Rapids: Eerdmans, 1987), 81.

46. Scazzero, *Emotionally Healthy Spirituality*, 136.

47. Scazzero, *Emotionally Healthy Spirituality*, 136.

48. Scazzero, *Emotionally Healthy Spirituality*, 136.

49. http://www.atthewell.com/itiswell/index.php.

50. Parker Palmer, *Let Your Life Speak: Listening for the Voice of Vocation* (San Francisco: Jossey-Bass, 2000), 98-99.

51. Scazzero, *Emotionally Healthy Spirituality*, 148-49.

52. Eugene Peterson, *Leap Over a Wall: Earthly Spirituality for Everyday Christians* (New York: HarperCollins, 1997), 120-121.

53. Ken Gire, *The Weathering Grace of God: The Beauty God Brings from Life's Upheavals* (Ann Arbor: Vine Books: Servant Publications, 2001), 96-98.

54. Scazzero, *Emotionally Healthy Church*, 161-62.

55. Scazzero, *Emotionally Healthy Spirituality*, 151-52.

Săptămâna a șasea: Descoperă ritmurile Oficiului Zilnic și ale Sabatului

56. Merton, *New Seeds of Contemplation*, 14-15.

57. Scazzero, *Emotionally Healthy Spirituality*, 156, 155.
58. Ibid., 161.
59. Thomas Merton, *Confessions of a Guilty Bystander* (New York: Doubleday, 1966), 86.
60. Thomas Merton, *Contemplative Prayer* (New York: Doubleday, Image Books, 1996), 29-30.
61. Wayne Muller, *Sabbath: Finding Rest, Renewal, and Delight in Our Busy Lives* (New York: Bantam Books, 1999), 69.
62. Ibid., 82-85.
63. Norman Wirzba, *Living the Sabbath: Discovering the Rhythm of Rest and Delight* (Grand Rapids: Brazos, 2006), 22-24.
64. Lynne M. Baab, *Sabbath Keeping: Finding Freedom in the Rhythms of Rest* (Downers Grove: InterVarsity, 2005), 17-19.
65. Eugene H. Peterson, *Working the Angles: The Shape of Pastoral Integrity* (Grand Rapids: Eerdmans, 1987), 49.

Săptămâna a șaptea: **Crește pentru a deveni un adult matur emoțional**

66. Scazzero, *Emotionally Healthy Spirituality*, 193.
67. Ibid., 179-80.
68. Henry Nouwen, *Return of the Prodigal Son: A Meditation on Fathers, Brothers, and Sons* (New York: Doubleday, 1992), 17.
69. David G. Benner, *Sacred Companions: The Gift of Spiritual Friendship and Direction* (Downers Grove, InterVarsity, 2002), 47.
70. Michael Collopy, *Works of Love are Works of Peace: Mother Teresa of Calcutta and the Missionaries of Charity* (San FranciscoȘ Ignatius, 1996), 35.
71. Scazzero, *Emotionally Healthy spirituality*, 181-83. Recomand, de asemenea, Malcolm Muggeridge, *Something Beautiful for God* (New York: Harper & Row, Image Edition, 1971), 119.
72. Anthony de Mello, *The Way to Love: The Last Meditations of Anthony de Mello* (New York: Harper & Row, Image Edition, 1971), 119.
73. Henri Nouwen, *In the Name of Jesus*, 59-60.

74. Citat în Rowan Williams, *Where God Happens: Discovering Christ in One Another* (Boston: Shambhala, 2005), 14.

75. Pentru o discuţie completă, vezi Scazzero, *Emotionally Healthy Spirituality*, 184-93.

Săptămâna a opta: Pasul următor: Dezvoltă o „Regulă de Viaţă"

76. Scazzero, Emotionally Healthy Spirituality, 197-98.

77. Benedicta Ward, The Sayings of the Desert Fathers (Kalamazoo: Cistercian, 1975), 3.

78. Merton, Wisdom of the Desert, 122.

79. Ibid., 44.

80. Dallas Willard, Spirit of the Disciplines: Understanding How God Changes Lives (San Francisco: Harper & Row, 1988), ix, 8.

81. Citat în Robert Louis Wilken, The Spirit of Early Christian Thought: Seeking the Face of God (New Haven: Yale University Press, 2003), 302.

82. Judy Brown, „Fire." Disponibilă pe internet; vezi, de exemplu, www.judysorumbrown.com/blog/breathing-space. Folosit cu permisiune.

83. Citat în Esther de Waal, Lost in Wonder: Rediscovering the Spiritual Art of Attentiveness (Collegeville: Liturgical Press, 2003), 21.

84. Timothy Fry, Rule of St. Benedict 1980, 15, 18-19.

85. Dale T. Irvin şi Scott W. Sunquist, History of the World Christian Movement: Volume 1: Earliest Christianity to 1453 (Maryknoll: Orbis Books, 2001), 236-37.

86. Adaptare după versiunea rugăciunii renumite a lui Patrick, ce poate fi găsită la: www.ewtn.com/Devotionals/prayers/patrick. htm.

87. Mark E. Thibodeaux, Armchair Mystic: Easing into Contemplative Prayer (Cincinnati: St. Anthony's Press, 2001), capitolul 2.

88. Carlo Caretto, *Letters from the Desert, anniversary edition* (Maryknoll: Orbis Books, 1972, 2002), 108, 100, 23.

Anexa A: Rugăciunea Tatăl Nostru

89. Aceste îndrumări sunt adaptate după Daniel Wolpert, *Leading a Life with God: The Practice of Spiritual Leadership,* 2006. Pentru alte resurse cu privire la rugăciunea prin respirație, vezi Richard Foster, *Prayer: Finding the Heart's True Home* (New York: Harper Collins, 1992) și Marykate Morse, *A Guidebook to Prayer: 24 Ways to Walk with God* (Downers Grove: InterVarsity, 2013). Pentru o perspectivă ortodoxă, vezi „Jesus Prayer: Breathing Exercises", de episcop Kallistos-Ware, orthodoxprayer.org.

90. Vezi, de examplu: Andrew Newberg și Mark Robert Waldman. *How God Changes Your Brain* (New York: Ballantine, 2009), și May Clinic. „Meditation: A simple, fast way to reduce stress." Pagină vizitată pe 18 septiembre 2013 la http://mayoclinic.com/health/meditation/HQ01070.

www.ingramcontent.com/pod-product-compliance
Lightning Source LLC
Chambersburg PA
CBHW052007090426
42741CB00008B/1585